どんな家でもすっきり!

片づく 収納&インテリア

家は、生活するところ。

家族と暮らせば、モノはふえ、
部屋は自然と散らかります。
でも、どんな家でも
“片づく収納”にトライすれば、
すっきり片づけることができます。

“片づく収納”とは、
“しまう”収納ではなく、“使う”収納。
家族みんなが使いやすく、
片づけやすい収納です。

片づけるコツがわかれば、
収納することが楽しくなります。
すっきり片づいたら、
自分の家や毎日の暮らしが
前より少し好きになります。

それはささやかな、
とても大事なしあわせです。

序章　どんな家でも片づく収納、７つのルール

１章　「捨てるコツ」と「持たない暮らし」

Contents

2章　収納達人による、すっきり片づく収納ワザ

3章　100円グッズ＆カラーボックスのリメイク収納

4章　省スペース＆シワ防止、衣類の正しいたたみ方

5章　自由に楽しむ、わが家の収納＆インテリア

序章

どんな家でも片づく収納、7つのルール

北海道、広島、福岡。公営、一戸建て、社宅。
環境も条件も異なる3軒のお宅が登場します。
でも、収納の考え方には共通点がいっぱい。
収納の「量」「質」「見た目」を柱に
片づく秘訣を7つのルールにまとめました。

House File : 01

澤井奈緒さん
30才・北海道

賃貸住宅
築8年
78㎡・2LDK

智明さん(37才)、健人くん(3才)、乃絵ちゃん(1才)の4人家族。

9年間、保育士として働く。布や紙を使ってインテリア小物を手作りするのが趣味。

間取り図

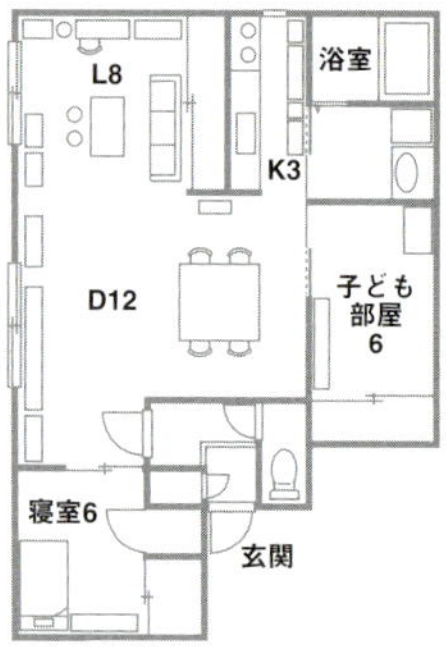

日用品は隠して収納し、好きなものをほどよく飾って、心地いい部屋に

Living リビング

日用品は徹底的にしまい、空間を生かしながら雑貨を飾って、ゆったりした雰囲気に。「リビングは、いちばん長くいる場所。気持ちいい空間にしたい」

収納ルール

白×茶色、木×かご×布の素材で統一。すっきり見えるインテリアを心がける

和室にフローリングカーペットを敷いて、洋風リビングに変身。木、かご、布などの自然素材を生かすため、色調は白をメインに。「白い空間は雑貨がきれいに映えます」

収納ルール

家族みんなが使いやすいよう種類ごとに、使う場所の近くに置く

リビングのテーブルまわりは、子どもたちがよく工作をして遊ぶ場所。小さな木箱に子ども専用のはさみをまとめ、セロハンテープといっしょにテーブルの下に。

Living

リビング

収納ルール

引き出しやかごの中を仕切って出し入れスムーズ、片づけやすくする

引き出しの中にモノを収納するには、仕切りを使うと出し入れもスムーズ。紙の箱や100円グッズのかごなどをじょうずに活用して、種類別に分類するといい。

パソコンデスク下のかご

四角い籐かごが、引き出しがわり。パソコンのCD-ROMや配線コードをかごにまとめれば、デスク下もすっきり。

パソコンデスク上の引き出し

古道具店でひと目ぼれした小引き出しには布小物の素材を、白い厚紙の仕切りを活用して出しやすく分類。

独身時代から使っている、お気に入りのチェスト。子どもが近くの机でお絵かきするため、紙類も入れている。

チェストの引き出し2

コスメの白い紙バッグはじょうぶなので、試供品やこまかい衛生用品の整理に活用。手前にはハンカチやティッシュを。

チェストの引き出し1

引き出しの高さに合った100均かごや空き缶の中に、領収書や書類、筆記用具などを。

白い壁の広々としたLDには、白いカップボードやチェスト、白いパソコンデスクといす。大きな白いキャンバスのような部屋の中に、籐のかごやお気に入りの雑貨が余白を生かしながらほどよく飾られ、さわやかで気持ちいい空間が広がっています。

「心がけているのは、基本になる色をふやさないこと。茶色の家具は白くペイントしたり、布も白系を選んだりしています。色調を白と明るい茶色にしぼってすっきりさせたら、雑貨がきれいに映えるようになって喜んでいます」

そう話す澤井さんは、実は「もともと片づけは苦手」でした。長男の健人くんが生まれ、家で過ごす時間ができると、家にモノがあふれ、部屋が狭くなっていたことに改めて気づいたのです。

まず「自分たちが必要なもの」を選ぶことからスタート。育児の合間に持ち物をひとつひとつ見直し、使うものだけを厳選して、種類ごとにボックスやかごの中に入れて分類。それを使う場所の近くに収納していきました。

Dining

ダイニング

1段め　子ども用品、メモ帳

ホーロー缶やかごの中をさらに厚紙で仕切り、こまかい衛生グッズを立てて収納。

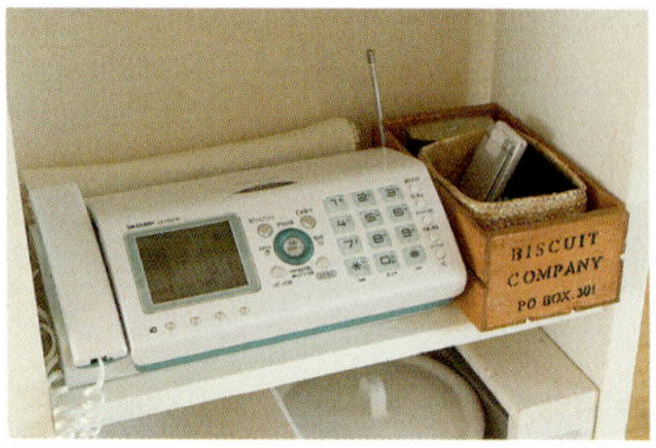

2段め　電話、夫の小物

電話横のスペースを､夫の小物入れに活用。帰宅したら携帯電話などをここへ。

3段め　一時置きのかご、モデム

収納場所未定のものは､一時置きのかごへ。入れる場所が決まれば、そちらへ移動。

4段め　コンポ　ほこりふき

1つの棚をコの字板で2段に。コンポの部分は布をかけ、すっきりと見せる。

収納ルール

使うところが、しまう場所。ダイニングに置いた棚にまとめて収納

ダイニングで使う日用品は、白いオープン棚が定位置。籐のかごやホーロー缶に入れてすっきり。一時置きのスペースをもうけることも、散らからない理由。

収納ルール 木箱ごとに入れるおもちゃを分類して 子どもたちも片づけやすく、使いやすく

窓からの光をさえぎらないよう、背板のないラックをご主人が制作。木箱の中はおもちゃ。家族がいるダイニングで遊ぶことが多いので、お気に入りだけをここに。

左奥の木箱は健人くんのもの、右は乃絵ちゃんのものと分けたのは、お母さんの心づかい。手前の白い箱には、2人が共通して遊ぶ積み木を。

日用品は引き出しやクローゼットの中に入れて目隠し。そのとき活躍するのが、かごやボックス。

「特に100円グッズのかごやボックスは、仕切りに便利。日用品のこまかいものほど、出し入れしやすくしたいですから」

かごもできるだけ籐か白いもので統一。隠れた部分でさえ、すっきりと見えるようにするのが、澤井さんのこだわりです。

収納するときいちばん心がけたのは、〝一つの入れ物にワンアイテムずつ収納〟すること。このわかりやすさが、家族にとって、片づけやすい、使いやすい収納になっているのです。

「自分はわかっても、家族が迷うような収納では意味がありません。ボックスやかごにひとつずつラベルをつけ、だれもがすぐ片づけられるようにしています」

収納はまず、量の厳選。次に使いやすさ、片づけやすさという質の追求。その結果、すっきりとした気持ちのいい家になるのです。

「ごはんだよ～」と言われれば、健人くんは木箱におもちゃをしまって棚に片づけるのが習慣に。

収納ルール

種類をまとめて、使う場所の近くに収納する。引き出しやかごの中を仕切って出し入れしやすく

キッチンには、調味料や調理グッズがたくさん。でも、棚や引き出しの中をかごや箱で仕切れば、出し入れもスムーズ。使う場所の近くに置き、効率のいい動線になるように工夫している。

キッチンの収納は、市販の白いラックや籐かごを使って。「色は白と茶色にまとめて、清潔感を大事にしています」

調理器具棚の開き戸棚

戸棚は四角い籐かごで統一。よく使うものは、手の届く高さ（上から3〜4段め）に。1段めには浅くて軽いかごを使えば、引き出しがラク。

調理器具、
ビニール袋、
保存容器ほか

ふたつきのかご

ふたつきなら、ホコリも安心。キッチンでもダイニングでもよく使うものだから、ダイニングに近いキッチン入り口が指定席。

ハンドタオル、
つまようじ、
輪ゴム、
洗濯ばさみほか

調理器具棚の引き出し・上

お弁当のこまごましたグッズは、白い厚紙でこまかく仕切り、立ててしまう。「これなら、ひと目でとり出せます」

調理器具棚の引き出し・下

お弁当箱や箸箱は100均かごで仕切り、手前の空間を生かして排水口ネットを収納。100均かごも厚紙も白でそろえるこだわり。

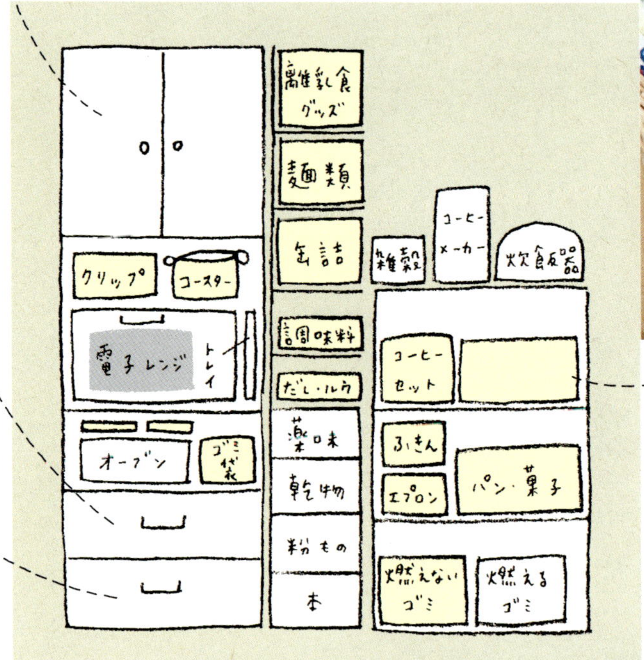

Kitchen キッチン

調理台下の引き出し

形がさまざまな調理器具は、段ボールをカットしたものでかごの中をさらに仕切って、使いやすく。

キッチンばさみ、
調理グッズほか

シンク下の開き戸棚

入れるものの高さにぴったりの棚を作って2段式に。籐かごを使って、さらに使いやすく。

包丁、ボウル、
クロス類ほか

「使う頻度や場所を考えて、できるだけ効率よく調理できるようにしたいと思います」

収納ルール 押入れはボックスやチェストをフル活用。ラベルをつけ、家族だれもがわかるように

ふだん使わないけれど、保管しておきたいものを押入れの中に。外から見てもわかるように、ラベルをつけるのが基本ルール。

Living closet リビングクローゼット

子どもたちのアルバム

アルバムの背表紙にラベルをはり、ボックスに入れたままでもすぐにわかる。

取扱説明書

ファスナー式のファイルには、家電の取扱説明書や捨てられない明細書などを保管。

季節もの

クリスマスグッズ、以前つけていた家計簿などは、種類別に100均の無地の箱に。

上にいくほど軽いものをしまうのがコツ。見えない場所も白と茶色で統一し、柄の段ボールは裏返して使うほどの徹底ぶり。

ミニハウスは澤井さんの手作り。「段ボールだから頑丈で、もう3年も子どもたちのお気に入りです」

ラベルは手作り

作成ソフト「ラベルマイティ」でプリント。少しだけ茶色の布をはって、遊び心もプラス。

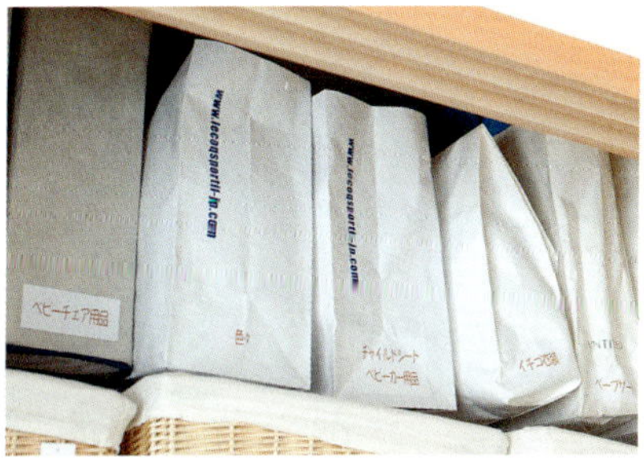

ふだん使わないもの

白い紙袋には子どものものなど。「軽いから、高い場所でもしまいやすい」

Kid's room closet

子ども部屋クローゼット

ラベル表示の青は健人くんの衣類、赤は及絵ちゃんの衣類、茶色はその他。ここもラベルをつけて家族にわかりやすく。

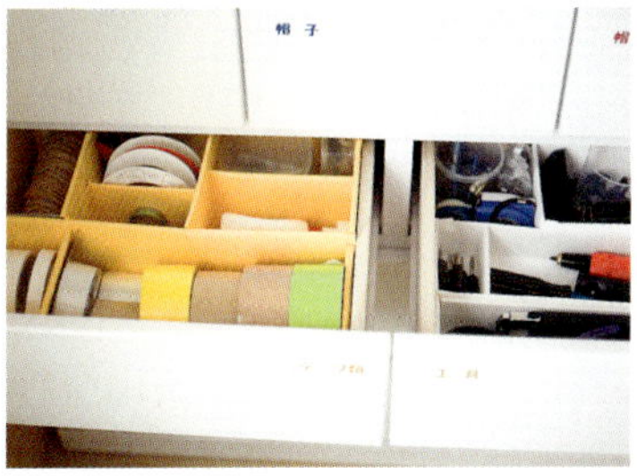

テープ類・工具

引き出しの空きスペースにテープ類を。ジャストサイズの仕切りは段ボールで。

衣類は縦にしまう

1つの引き出しにはワンアイテムを収納。「衣類は縦にしまうとたくさん入ります」

掃除機はかご収納

かさばる掃除機も洗濯かごに入れて、コンパクトに収納。出し入れもサッと。

House File : 02

落ち着く色のものを飾りながら使い、それ以外の色の日用品は隠して収納

収納ルール

オープン棚にはふだん使いの食器、お気に入りの小物を飾って楽しむ

手作りでも市販のものでもオープン棚は、出し入れしやすい長所を生かしてふだん使いのものを入れて活用するか、飾り棚にしてお気に入りのグッズを見せる。

手作り棚にお茶グッズをまとめる

ご主人手作りの棚をキッチンのカフェコーナーに。和も洋もアースカラーの器なので、まざっても違和感がない。背後には壁紙をはって。

パリのアトリエをイメージした飾り棚

市販の棚を黄緑に塗り替え、背後に布を両面テープではった。「大好きな空色と黄緑を基調に、パリのアトリエ風に仕上げました」

間取り図

持ち家一戸建て
築11年
125㎡・3LDK

由則さん（39才）、圭太くん（12才）、歩くん（8才）の4人家族。

5年前から始めたコラージュは、現在、自宅とカフェで月1〜2回教室を開いている。

岡田登志子さん
38才・広島県

Dining

ダイニング

食器棚とカラーボックスを生かしてダイニングカウンターと収納棚を手作り。大好きなスモーキーブルーでペイントした。お茶を飲んで、ひと息するときに使う。

5年ほど前に『雑貨カタログ』の通販ページで購入した、バーバラ・アイガンの陶器ピッチャーに花を飾っている。

「クリームイエローの壁に大好きな雑貨をちょこちょこ飾った、明るい家にしたいと思いました」

11年前に家を建てるとき、岡田さんはそう思い描いたといいます。

「キッチンのとびらも、マーガレット・ハウエルの家と同じ、ライトグリーン。大好きな空色とライトグリーン、それに白。空と田んぼと雲を見て育ったので、その3つの色を見ると落ち着くんです」

癒されるその3色、茶やベージュといったアースカラーのように、心地よい色の日用品は外に出して飾りながら収納し、それ以外の色のものは徹底して隠します。

「飾る・隠すの基準は、色。原色のものはけっして飾りません」

思い出をコラージュにして飾る

コラージュも、好きなものを厳選して飾った一種の収納。ラベルや切り抜きを集めた、エアラインのコラージュ。

子どもの写真、旅の思い出の写真とミラーをコラージュ。アニマルものが好きで、きりんのフィギュアを。

ベビーベッドを解体して板壁を作り、棚とポールでディスプレイ棚を手作りした。学生時代に買った写真集、子ども時代の絵本や最近の絵本を。

収納ルール

気に入った本やモノを飾ると楽しい。飾ると見えるから使いやすい

気に入ったものは、絵本も写真集も、輪ゴムもクリップも見えるようにして、出し入れしやすく、使いやすく。そしてなにより、好きなものを目にするだけでうれしい。

空きびんにはカラフルな小物を

牛乳やジャム、プリンの空きびんを使って、きれいな色の輪ゴム、クリップなどを収納。

Kid's space 子どもスペース

とび箱は、『東急ハンズ』でご主人がひと目ぼれしたもの。黒板は、ベニヤ板に黒板スプレーを吹きつけて手作りした。

2階にある子どもスペースは間仕切りをとり、2つの部屋を今はワンルームとして使っている。キャスターつきの大きなテーブルはご主人の手作り。

Bedroom

寝室

本やビデオ、テレビなどを収納している棚の上には、グリーンや花、アクセサリーや小物などを置いている。愛用のポラロイドSX-70で、子どもたちや植物、風景などを撮影している。

収納ルール 仕切りにお皿やボウル、かごやお菓子型を使ってかわいく分類

仕切りは、100均かごや籐かごだけではない。身近にあるお皿、ボウルやバット、お菓子型など、入れるものに合わせて自由に活用するのも楽しい。

Work space ワークスペース

2階の子どもスペースの反対側に、岡田さんがコラージュを作るためのワークスペースを設けている。基本カラーは、大好きな空色。

昔から集めているさまざまなテイストの雑貨は、季節や気分に合わせてアレンジして飾っています。「色、サイズ、間隔などを少し離れてながめて確認しながら飾ります。頭の中に描いたイメージが形になることが、すごくおもしろい」

キッチン横に「いすにすわって食べることにあこがれて」カウンターテーブル、2階の子どもスペースには「板壁にあこがれて」本棚を手作りしました。いろんなことに〝あこがれて〟、好きなものを飾って表現する喜びや楽しさが、岡田さん宅にはあふれています。

House File : 03

よく使うお気に入りは飾って収納しながらインテリアの一部に

収納ルール

古い木箱や木製フックなど収納グッズも味のあるものを選んでインテリアの一部に

「古いものはホッとなごむところが好き」と倉崎さん。収納に使うアイテムも木製の味わいのあるものを愛用し、インテリアの一部になっている。

古い木箱にブーツやスニーカーを

ブーツ置き場がほしかったとき、祖母の家の倉庫で木箱を見つけた。サッとしまえるから、よくはくスニーカーも。

ふだん使うものをフックにかけて

木製フックには外出用の帽子、玄関掃除で使うほうき、手袋の入った手作りバッグやリースなどをかけている。

Entrance

玄関

無機質なコンクリートのたたきにテラコッタを敷き、備えつけのくつ箱以外に、木箱やすのこ棚でくつスペースをふやした。木箱のうしろに飾ったのは、古い窓枠。

倉崎さんのお宅は、築25年という古い社宅。間取りは2LDK。けっしていい条件ではありませんが、どの部屋にも手が行き届いた、暮らしのぬくもりがいっぱいです。「古い、狭いということは、私たちにとってはメリット。どこにも目が届くから、小さくても居心地のいい空間ができました」

間取り図

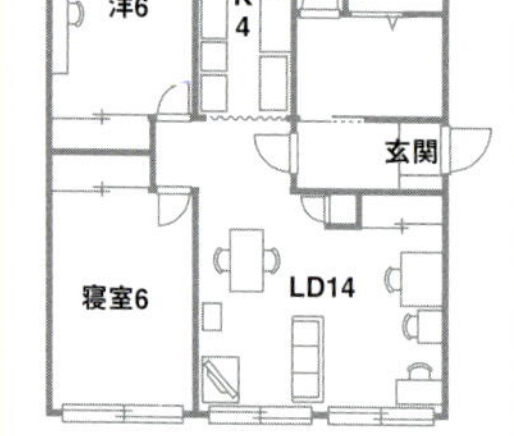

社宅
築25年
72㎡・2LDK

賢一さん（33才）、聡くん（4才）と3人家族。

趣味は写真と旅行。居心地のいい家を目ざして、青柳啓子さんや吉原理映さんのインテリア本などを愛読。

倉崎由美さん
32才・福岡県

収納ルール

使うものだけをまとめ、使う場所の近くに。気に入ったものは外に飾って“見せる収納”

見せたくないものは布でカバーしたり、引き出しに入れたりする“隠す収納”。その一方、お気に入りの日用品は出しっぱなしの“見せる収納”。そのメリハリが、使いやすく、ゴチャついて見えないキッチンの秘密。

コーヒーセットはかわいくディスプレイ

来客時に準備しやすいように、キッチンの入り口そばにひとまとめ。コーヒーを透明のキャニスターに移し替えれば、容量がひと目でわかる。

ふだん使いの食器のみ手作り棚へ

たくさんあっても、使うものが決まっている食器。頻繁に使うものだけをオープン棚に並べている。狭いキッチンに大きな食器棚はNG。

Kitchen キッチン

シンクの反対側の壁には、カラーボックスと食器棚に板を渡してカウンターを作り、木箱を重ねて食器や電化製品、調理グッズなどを収納している。

見せたくないストック品は手作りすのこ棚へ

乾物や缶詰などのこまごましたストック品は、すべてすのこ棚行き。カーテンで目隠しすれば、中のゴチャつきも気にならない。

調味料はコンロの近く、空きびんやホーロー缶に

調味料は空きびんやキャニスターに移し、すぐ使えるようにガスコンロ奥の棚にひとまとめ。自作の棚はコーヒーでペイント。

収納ルール

よく使うものほど、出し入れしやすい場所にしまう。戻しやすいため、片づけしやすい

使用頻度が高いものほど、出し入れしやすい場所に収納する。そうすれば、とり出しやすく、戻しやすいため、片づけのスピードがぐんとアップする。

食卓で使うお絵かきセットは引き出しが定位置

迷子になりがちなお絵かきセットも、食卓で使うから、食卓の引き出しにひとまとめ。ここなら、子どもも出し入れが簡単。

食卓で使うものを引き出しに

食卓で使うものだから、食卓の引き出しに。ふきんやつまようじなど、こまごましたものも引き出しにまとめて、だれもが使いやすい収納に。

おもちゃはリビングの棚に入れて布で目隠し

つめ切りや耳かきはトレイに

ソファで使う衛生グッズは見せたくないので、お菓子のふた（トレイ）にまとめ、ソファの下に。迷子になることなく、サッと使える。

来客時は"とりあえずBOX"へ

急な来客や急いでごはんにしたいとき、"とりあえずBOX"が大活躍。古い木箱に入れて布をかけるだけの、1分間片づけ。

ブームのおもちゃのみ、リビングへ。アイテムごとに小分けにすれば、子どもも自分で片づけられる。使い古しのバッグには積み木を。

「古いものは落ち着いた色のものも多くて、ほっとします。使い込まれたものには趣があります」

倉崎さんのお宅では、祖父母や父母の勉強机や時計が今も現役として使われ、道具箱や木箱などはお気に入りを飾りながら収納グッズとして使われ、インテリアの一部になっています。

「かわいいものは飾りながら収納して、冷たい印象のものは布でカバーしたり、できるだけ隠して収納しています」

使う場所の近くに収納し、片づけやすく仕切ったり、棚を手作りして外に飾ったり中に隠したり、自分なりのルールをきちんと守り、使いやすさも徹底しています。

Dining ダイニング

祖母の家にあった勉強机をダイニングテーブルにしている。
いすはリサイクルショップで購入したもの。

玄関ドアを開けると正面に見える壁にグリーンのいすを置いて、ドライフラワーを飾った。ブリキのジャグの下に敷いたマットは手作り。

祖母にもらったミシンの上は、古い雑貨のディスプレイコーナー。南部鉄びん、せん抜き、茶色のびんは栄養ドリンクの空きびん。

収納ルール

使わないものは、ほしい人へ。使えるものは、リサイクル。使うものや大事なものだけ持ち、モノをふやさないように

転勤族のため、モノをふやさないことが大原則。ネットオークションで売ったり、まだ使えるものはリメイクして大事に使う。

引き出しの仕切りにそうめんの箱

「消しゴムはんこやスタンプにちょうどいい深さだったんです」と倉崎さん。お中元でもらったそうめんの空き箱を、引き出し整理に活用。

空きびんと缶は小物入れに

裁縫セットが入っているのは、空きびんと空き缶。ラベルやふたに英字新聞をはってリメイク。「リサイクルすれば、収納グッズを買わずにすみます」

紙コップで仕切って小分け収納

使い終わった紙コップも、洗ってリサイクル。引き出しに入れて仕切り、中にクリップなど小さなものを。

作業台で使う文具はエコバッグに

ノートや30㎝定規など、作業机で使う文房具はエコバッグの中へ。ほうり込むだけだから、片づけもラク。

DMは必要なものだけ空き箱に

ついふえてしまうDMは、その場でチェック。不要ならすぐ処分、必要なものだけ保管。箱は英字新聞でリメイク。

手作りアイテムもいっぱい

栄養ドリンクの空きびんに、英字新聞でラベルをはって花びんを手作り。

ワイヤで作ったかごに、空きびんに麻ひもを巻きつけた花びんを入れている。

ワイヤハンガーに木製ピンチをつけ、ショップカードやオーナメントをつるす。

リビングと和室の間のふすまを横にして壁に立てかけ、ディスプレイスペースに。

築25年の古さを生かして
祖父母や父母のものを合わせる

古くリメイクした白いドア

もとは茶色のドアを白くペイントし、サンドペーパーでところどころ削って、古い印象をプラスさせた。

父親の実家で見つけた時計

時計は、50年以上前のもの。「捨てるのがもったいなくて、父の実家から譲り受けました」

あめ色になったダイニングテーブルも、いい雰囲気。今日のお客さんは姉の徳永美佳さん・佳音ちゃん親子。

LDの一部をワークスペースとして使っている。和風の壁をアバウトにペイントした板壁で隠し、お気に入りコーナーが完成。手前の机は倉崎さんのお母さん、奥はお父さんが使っていたもの。

Work space
ワークスペース

ここで結論!

片づく収納、7つのルール

3軒に共通するルールを7つにまとめました。それは、すっきり片づいた家になる結論です。

収納する量について

ルール 1 使わない日用品は捨てる

不要なページは捨てる

不要なDMはすぐ捨てる

収納するより何より大事なのは、適正な量を持つこと。収納スペースからあふれるほど、モノを持たない。大切な思い出の品以外、使わないものは捨てましょう。特に日用品は使ってこそ価値がある。使わない日用品からどんどん捨てましょう。

ルール 2 気に入ったもの以外は持たない

お気に入りの器だけ

今遊ぶおもちゃだけ

〝とりあえず〟で買ったものは、けっして大事にしません。間に合わせで買うのをやめ、なければ何かで代用し、本当にほしいものが見つかるまでずっとさがしましょう。そして、心から気に入ったものを大切に使い込む。愛せるもの以外は持たない。

収納の質について

ルール 3
使う場所の近くに置く

食卓の引き出しにお絵かきセット

つめ切りや耳かきはソファの下

収納の第一歩は、アイテムを種類ごとにまとめて整理すること。まとめたら、〝1つのスペースにワンアイテム〟を心がけ、使う場所の近くに収納しましょう。近いほど動く距離が少ないため、出しやすく、片づけやすいのです。

ルール 4
仕切りやラベル表示で使いやすく

クローゼットの中も全部ラベル表示

中を仕切って出し入れスムーズに

こまごましたものの収納は、引き出しやかご、箱の中をさらにこまかく仕切り、種類ごとに分けて入れると便利。また、中身をラベル表示すると家族みんながひと目でわかり、収納場所が一目瞭然。家族みんなに親切な収納を心がけましょう。

部屋の見た目について

ルール5 ゴチャつくものは隠す

ゴチャついたものは隠すこと。強すぎる色や多い色数、プラスチック、クネクネと長いものなどは、引き出しやかご、箱の中に入れたり、布でおおって隠すことで、何もない余白の空間が広くなり、部屋はすっきりした印象になります。

原色や色の強いものは隠す

見せたくないものは隠す

ルール6 色や素材を統一してすっきり見せる

白と茶色、木とかごと布で統一

ルール 7 使ったら元に戻す

遊び終わったら元に戻す

大好きな空色と黄緑を楽しむ

一時置きの“とりあえずBOX”を活用

テレビにも布をかけて

すっきり広々と見せるコツは、壁や床、机などの広いスペースにモノが少ないこと。部屋に余白があること。お気に入りだからと飾りすぎるのは禁物。色や素材をそろえて、すっきりした印象に。部屋の見た目は洋服と同じ、〝バランス〟なのです。

どんなにきちんと収納しても、使ったものを出しっぱなしにすれば、部屋は散らかるばかり。「使ったら元に戻す」ことは、次に使う人へのエチケット。戻す習慣をつけましょう。また、とりあえず入れるスペースを確保しておくと重宝します。

本書の使い方

1章

「捨てるコツ」と「持たない暮らし」

モノが多すぎると、どうにも片づきません。
ここでは「モノの持ち方・選び方」から
「モノをためない！ 7つの習慣」
「片づけテク」や「捨てるコツ」まで
不要なものを「持たない暮らし」を提案。

House File : 01

Part 1　“捨て”名人・永井悦子さん＆藤林直子さん流

不要なものを“捨て”て実現した愛するものたちとの“捨てない暮らし”

食器

「白」か「木」のものを厳選。家族用と来客用を分けずに共用する

食器は特に子ども用のものを持たず、大人と共用。家族用と来客用の区別もなく、最小限の数だけそろえている。「だから、うちには使わずにしまってある食器はないんですよ」

Kitchen
キッチン

間取り図

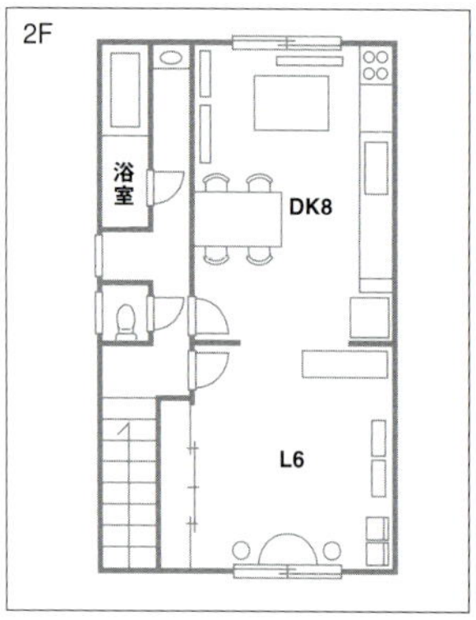

持ち家一戸建て
築8年
83㎡・3LDK

道雄さん（41才）、ミレくん（2才）の3人家族。

結婚12年め。「短大入学で京都に来てから、古いものを受け継ぐ姿勢に目覚めました」

“捨て”名人

永井悦子さん
38才・京都府

捨てルール “愛せるもの”を選び、長く大切に使う

「ずっと愛せるか」が、モノ選びの基準。安さにつられて買うと、使いにくかったり飽きたりして捨てることになりがちだけど、長く愛せるものなら、捨てることもなし。

なべ

高くても質のいい「ル・クルーゼ」や土なべを厳選して使う

ずっとあこがれていた「ル・クルーゼ」と「クリステル」のなべを結婚を機に購入。使用後は必ず重曹と酢で手入れしているので、いつもピカピカ。

家族だけでなく友人にも何がどこにあるかわかるように、棚をオープンにした。「本当に必要なものだけを、整理して並べています」

料理本

新婚時代から使いつづけている愛用本

新婚時代に買った『暮しの手帖』の料理本が、料理の先生。多くの定番の料理がわかりやすく紹介されていて、今も献立の参考に。

急須・湯飲み

母から譲り受けた急須と湯飲みセット

急須と湯飲みのセットは、永井さんのお母さんの愛用品。「帰省して改めて見たとき、色や形の渋さが気に入り、譲り受けました」

「〝今使えるかどうか〟ではなく、〝この先も長く使えるかどうか〟〝ずっと愛せるかどうか〟で、モノを選ぶようにしています」と永井さん。その言葉どおり、家には10年以上も愛用している家具や家電、調理器具がいっぱいあります。

何年もかけて〝愛せるもの〟をさがすのは根気がいる作業ですが、店をあちこちのぞきながら、イメージどおりのものをさがす時間もまた楽しいといいます。

「納得できないままとりあえず買って、あとで捨てたくないし、高価だったからという理由で、不便なものをがまんして使いつづけたくもない。だから、〝ずっと愛せる〟と思って手に入れたものを、メンテナンスしながら、大切に長く使いたいと思っています」

永井さんがこう考えるようになったのは、結婚で新生活をスタートさせるにあたり、多くのものを処分したのがきっかけでした。

化粧品

**化粧品やせっけんは
自分の肌に合った
ものを手作りする**

市販の化粧品を使っていたころ、肌に合わず捨てた経験も……。妊娠して肌が弱くなったことをきっかけに、化粧水や乳液の手作りを始めた。最近はせっけんも作る。「おかげで肌の調子もいいし、出費もだいぶ減りました」

永井さんは結婚を機に、〝この先も長く使うかどうか〟という基準で家の中にあるものをひとつひとつ、自問自答しながら判断していきました。そうすると、新居にはパイプベッドやチェスト、着ていないブランド服や使わない食器などは必要なく、処分するものが思いのほかたくさんあったのです。「不要なものを処分することで、自分にとって必要なものや大切なものがはっきりした気がします。使わないものを潔く捨てたことで、掃除の手間や不要品を持つストレスがなくなり、部屋はもちろん、気持ちもすっきりしました」

洋服

**白とベージュが定番。
流行ものは買わない**

来シーズン着られなくなるような、流行色の強い服はNG。トップスは白やベージュなどのナチュラルカラー、ボトムスは着回しがきくデニムが定番。

タオル

**白かブルーの無地で統一。
柄ものはフリマで処分**

「毎日使うものは、シンプルがいちばん」と、タオルは無地の白や好きなブルー系をセレクト。柄ものをいただいたら、箱ごととっておき、フリマで売る。

永井さんが大切に使っている"10年もの"

家にあるほとんどのものが10年以上の愛用品。機能やデザイン、サイズなどすべてが気に入って選んだものばかり。

古道具屋さんで買った扇風機

京都の古道具店で見つけた単機能の扇風機は、なんと昭和30年代製。羽根が壊れても修理し、今でも現役。

のみの市で買ったカメラケース

イギリスののみの市で見つけたときから、深いあめ色だった。前はウォークマンケース、今はバッグとして使用。

ついに出合ったイメージどおりのビューロー

とびらを前に倒すと机になるライティングビューローは、永井さんが長年さがしていた理想のデザイン。

折りたためる木製テーブル

結婚時は狭いマンションだったので、折りたたみ可能なバタフライテーブルを購入。脚のデザインがお気に入り。

捨て
ルール

“捨てるもの”も 使い回して活用する

「空きびんや空き箱、一部が壊れてしまった食器セットなども、すぐに捨てずに、別の形で何か使えないかと考えます」。第二の使いみちは、どれも実用的なものばかり。

割れた器のふた ──→ ソープディッシュ

気に入っていたのに欠けてしまったどんぶりのふたや、カップが割れて残ったソーサーなどは、ソープディッシュとして再利用。

スリッパラック ──→ 子どものくつ置き

使い勝手がイマイチだったスリッパラックを、子どものくつ置きに。「オープンなので、子どもが自分で出し入れできるようになりました」

つくだ煮の箱 ──→ おもちゃ箱

つくだ煮やそうめんのじょうぶな木箱は、こまかなおもちゃの収納に最適。ペイントすれば見た目もかわいいし、オリジナル度がアップ。

空きびん ──→ 裁縫箱

ジャムの空きびんに糸や針を入れれば、プチ裁縫箱に変身。「ボタンつけなどの単純作業なら、このびんだけ出せばOKです」

Kid's space
子どもスペース

捨てルール 収納場所からあふれたら見直し、譲るかフリマへ

衣替えの時期や収納スペースからモノがあふれたときが、モノの“捨てどき”。そのためにも、アイテムごとに収納する場所やスペースを決めておくことが大事。

洋服 見極めポイントは来シーズンも着るかどうか

半年に1回の衣替えが、洋服の“捨てどき”。着用頻度やデザイン、傷みなどをチェックし、「来シーズンも着るかどうか」で判断する。

ぞうきんにして、もうひと働き

着古したTシャツや穴のあいたくつ下は、はさみで小さくカットし、ぞうきんとして使い切る。

フリマに出す

あまり着ていない服や傷みの少ないものは、ほしいという友人に譲る。残った服は、フリマに出品。

子ども服 新品はフリマやリサイクル店で売却

着る機会がないいただきものの服は、タグつきのまま保管し、フリマやリサイクル店へ。「子ども用品のリサイクルショップで7点で1万円になったことも」

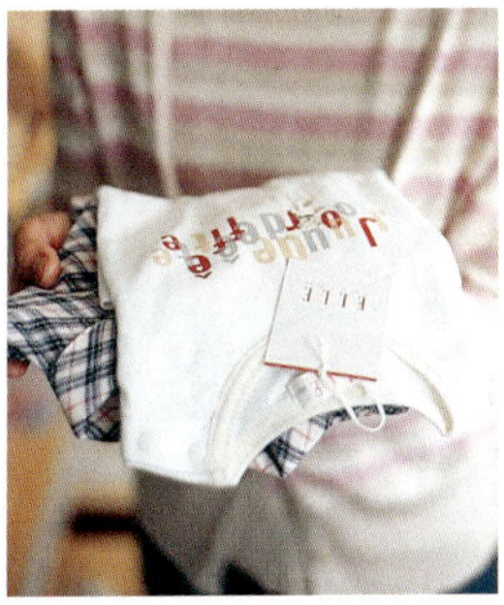

おもちゃ 1カ月に1回子どもといっしょにおもちゃ棚を整理

おもちゃ棚がいっぱいになったら、子どもがもう遊ばないもの、修理できないほど壊れたものを選別。定期的に見直すことで、子どもが遊びやすいスペースを確保。

友人に譲る

遊ばなくなったおもちゃもすぐに捨てず、遊びに来た友人にほしいものを選んでもらう。

思い入れのあるおもちゃは飾って残す

初めて遊んだおもちゃなど、大切な思い出があるもの、記念に残したいものは、子どもスペースの上にある手作り棚にディスプレイ。

本

3年以上読み返していない本は、人に譲る

本棚がいっぱいになったら、捨てどき。3年以上読み返していない本、内容が頭に入っている雑誌などは、必要としている友人に譲る。

写真

ブレているもの、重複するものは捨てる

すぐにたまる写真は、お気に入りだけを選んでフレームに入れて飾る。ブレていたり、似たようなカットの写真は、思い切って処分。

CD

今後聴かないと判断したら思い切って処分する

収納ボックスに入らなくなったら、聴く頻度が低いものから処分。不要になったCDはAmazonの「マーケットプレイス」に出品し、買い手がついたら随時発送。

年賀状

翌年送る年賀状を書き終えたら処分する

年賀状が届いたら、住所変更が必要なものはパソコンの住所録を訂正し、1年間保管。その年の暮れに年賀状を書き終わったら、すぐに処分する。

DM

必要がないものは受けとったらすぐ捨てる

DMを受けとったらその場で目を通し、不要なものはすぐごみ箱へ。「あとでまとめて捨てるより、時間も手間もかかりません」

結婚当初に不要品を捨てたことで、モノの選び方や持ち方がガラリと変わった永井さんは、その後は〝ずっと愛せるもの〟だけを吟味しながら買うようになり、ひとつのものを長く使うことを徹底。〝捨てる〟ことをへて、今は〝捨てない暮らし〟を実践しています。

「モノとして形がある以上、いらないからといって簡単に捨てたくありません。そのために、別の使い方を考えて自分で使い回したり、フリマで必要としている人に譲ったり。捨てずにいろんな人が長く使うことで、モノの寿命をまっとうさせることができたら、とてもうれしいです」

捨てワザ&リメイク・アイディア

全国の"捨てじょうず"さんから寄せられた処分法やリメイク・アイディアをまとめてご紹介。ぜひ参考にして！

くつ下 3分割してフルに活用

ゴム部分は丸めて収納する衣類のバンド役、中央は子どものひざ当て、足先はぞうきんに。

服 大人服を子ども用にリメイクする

大人のキャミソールを子ども用ワンピースに作り直すなど、リメイクすればまだ使える。

Tシャツ 着古したら汚れふきに活用

適当な大きさに切り、キッチンや洗面所に常備しておけば、ちょっとした汚れふきに便利。

小鉢 ペイントすればカラフル植木鉢に

不要になった小鉢は油性絵の具などでペイントし、植木鉢として活用。見た目もかわいい。

コップ 重曹を入れて消臭や除湿剤に

重曹を入れたコップをトイレやくつ箱のすみに置けばOK。湿気を吸うので結露対策にも。

子ども服 シミや穴部分にはアップリケをはる

子ども服にできたシミや穴には、ワッペンや布でアップリケをつければ、かわいく復活。

子どもの作品 "1年に1箱"と限定して残す

お気に入りだけを厳選して箱に残し、それ以外は処分。名残惜しいものは写真で残す。

CD かごにまとめて友人に譲る

聴かないCDはかごにまとめておき、遊びに来た友人にほしいものを選んでもらう。

アクセサリー デザインが古いものはリメイク

デザインが古くなったネックレスは、ピアスや指輪に作りかえると、新鮮な表情に。

House File : 02

週1回＆年1回の“捨てるサイクル”で いつもすっきりした家をキープ！

木のぬくもりがいっぱいの、居心地のいいダイニング・キッチン。よけいなものがなく、カーテンレール上の絵皿が引き立って見える。

Dining Kitchen

ダイニング・キッチン

間取り図

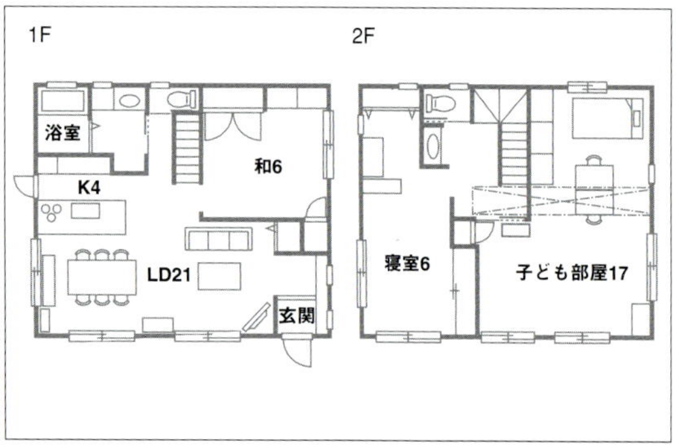

持ち家一戸建て
築2年
125㎡・3LDK

正二さん（51才）、薫くん（11才）、遥ちゃん（9才）、亮くん（5才）の5人家族。

結婚12年め。2年前にマイホームを購入。「モノをふやさない生活を心がけています」

“捨て”名人

藤林直子さん
38才・広島県

「昔から〝捨てる〟タイプだったんです」という藤林さんのお宅は、どこを見てもすっきり！　育ち盛りの子どもが3人いるようにはと

年に1回捨てるもの

- 4月　洋服・小物類
- 5月　物置の不要品
- 6月　本・雑誌
- 7月　食器
- 8月　タオル類
- 9月　くつ
- 10月　ロフトの不要品
- 11月　予備の月
- 12月　寝具
- 1月　おもちゃ
- 2月　キッチン用品
- 3月　手紙

週に1回捨てるもの

- 月　子どもの工作
- 火　ダイレクトメール
- 水　ビニール袋
- 木　写真
- 金　学校・幼稚園のプリント
- 土　予備の日
- 日　冷蔵庫の残り物

“捨てるサイクル”を始めてよかったこと

子どもが散らかしても ストレスにならない

おもちゃの量と収納場所は決めてあるので、子どもたちが片づけるようになり、ストレス知らずに。

友だちをいつでも 家に呼べるようになった！

ママ友だちの急な訪問も、いつでもウエルカム♪　目ざすのは“思わず長居してしまう空間”。

毎日の掃除がラクに

目につく場所にモノを出さず、引き出しや押入れに収納するようにしたら、掃除がグンとラクに。

さがしものをすることが なくなった

こまかなものも収納場所が決まっているので、さがす必要もなし。子どもたちの朝の準備もスムーズ。

むだなものを買わなくなり 貯金ができた！

使えるものを捨てるのは罪悪感があるので、なるべくむだ買いしないように。おかげで貯金がふえた。

ても見えません。

その秘密は、不要なものにお金を使ったり、家のスペースをさくのはむだと考え、自分や家族の適量を維持しているから。日ごろからモノの量や必要度を見直し、処分するようにしているのです。

たとえば、どんどんふえる子どもの工作や学校関係のプリント類、DMなどは週に1回、必要か必要でないかを判断。少しずつふえる本や雑誌、おもちゃ、日用雑貨などは年に1回点検して、不要なものを処分します。こうして、たまりやすいものや収納場所ごとに、週1回や年1回の〝捨てるサイクル〟を実行。家全体のモノを定期的に見直すことで、藤林さん宅では大掃除が必要なくなりました。

でも、この〝捨てるサイクル〟も以前は家族の協力を得られず、収納はストレスのもとでした。「使ったものは元に戻さないし、散らかしたまま片づけてくれない。何度注意しても協力してくれず、一人でイライラしていたんです」

週1回 捨てるもの

月曜日 子どもの工作を捨てる

週末にどっさりたまる工作は 厳選してアルバムに保存

子どもの絵や折り紙、工作は、週1回捨てるか残すか選別。よくできたものや気に入ったものだけ、写真といっしょにアルバムに保管。「見返すと、子どもの成長を感じます」

火曜日 ダイレクトメールを捨てる

すぐ目を通して捨てるのが基本。 夫の分はまとめて火曜日に点検

DMが届いたらすぐに目を通し、いらないものは即ごみ箱へ。自分で判断できない夫あてのものは1週間分まとめておき、比較的帰りが早い火曜日にチェックしてもらうことに。

水曜日 ビニール袋を捨てる

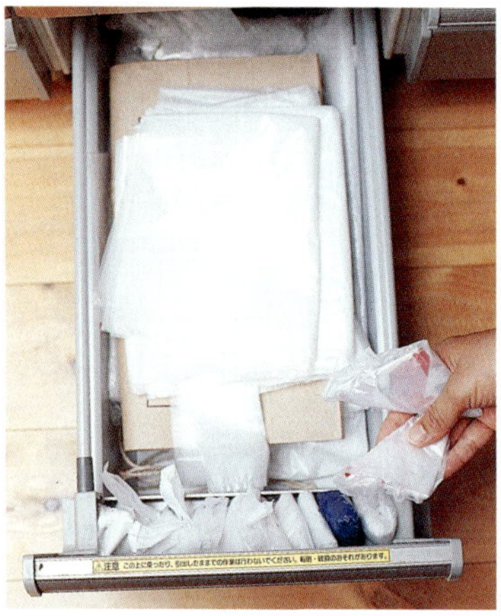

日々たまるスーパーの袋は 特売日の翌日に整理

たまったビニール袋はごみ袋として使うため、キッチンの引き出しにストック。火曜日に特売があるので、その翌日に整理します。たたんで小さな三角形にすると、省スペース。

木曜日 写真を捨てる

すぐにたまる写真は 週に1回、要・不要を確認

子どもが小さいうちは、写真がすぐにたまりがち。量が多くなると整理するのがたいへんなので、写りの悪いものや不要な写真は、週1回捨てる習慣をつけています。

日曜日 冷蔵庫の残り物を捨てる

残り食材一掃メニューのランチで冷蔵庫をからっぽに

育ち盛りの子どもが3人いるため、1週間で冷蔵庫はからっぽに。日曜のランチは、冷蔵庫の残り食材を使い切るメニューが定番。そのあと、まとめ買いをして中身を補充。

日曜の夜は、まとめ買いした肉や野菜などでぎっしり！ このほとんどが数日でなくなる。

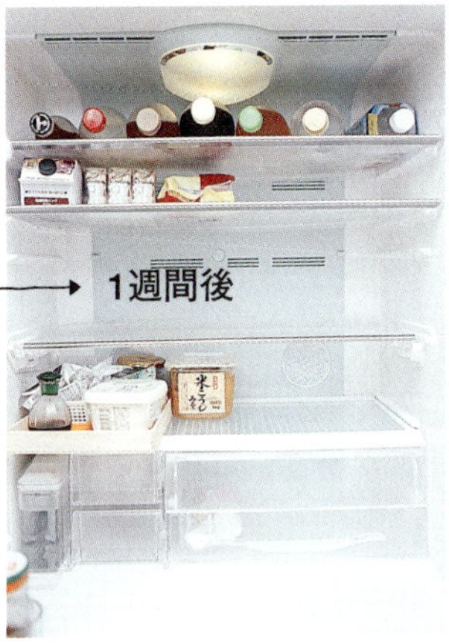

2日おきの特売で食材を買い足しても、日曜の午後にはがら空き。食材の使い忘れとも無縁。

冷蔵庫がからになったついでに、ぬれぶきんで庫内をササッと掃除。だから、いつも清潔。

金曜日 学校・幼稚園のプリントを捨てる

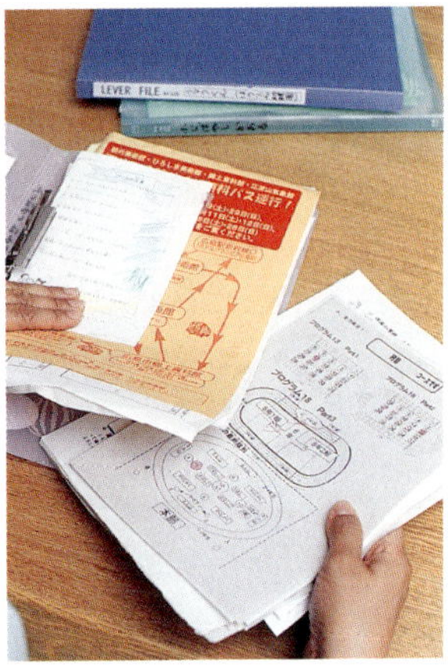

子ども3人のファイルを個別につくり、古いものから処分

学校や幼稚園からのプリントは、3人分のファイルをつくって管理。読んですぐに捨てると何かあったとき困るので、1週間は保存。金曜日に見返して、不要なものだけごみ箱へ。

土曜日 予備の日

できなかったことは、この日に実行。予備日があると気分も楽に

毎日捨てるものがあるとたいへんなので、土曜日は予備日に。「のんびりしようと思っても、家を見渡すといろいろなものが目に入り、結局何かを捨てている気がします（笑）」

家族の協力をなかなか得られなかった藤林さんですが、新居への引っ越しを機に変化が。収納のルールや不要品の捨て方を家族に一から教えたら、協力的になってきました。

たとえば、子どもがおもちゃを部屋じゅうに出しても、散らかしたとしかるのではなく、収納する場所や片づけ方を何度もレクチャーしました。おかげで、今では子どもたちが自分でおもちゃをしまうようになり、片づけや掃除もだいぶ楽になったそう。

「自分だけが捨てどきや収納場所を知っていても、家族がわかっていないと、片づけられないのはあたりまえ。一人でがんばりすぎず、家族をうまく巻き込んで協力させることが大事だと気づきました」

年1回 捨てるもの

6月 本・雑誌を捨てる

雑誌は必要なページをファイリング。不要なものはリサイクル書店へ

梅雨の時期は家にいる時間が長いので、本や雑誌をじっくり整理するのに最適。くり返し読みたい本だけとっておき、必要ない本や雑誌はリサイクル書店で売ります。

リサイクルショップへ
読まない本や雑誌は、近くのリサイクルショップへ持ち込んで売却する。

ファイリング

料理は「和食」「中華」「お菓子」などに分類して保存。ラベルをつけてさがしやすく。

7月 食器を捨てる

ひびが入っているもの、使い勝手が悪いものを処分

ふだん使う食器はだいたい決まっているし、食器棚にぎっしり詰め込むととり出しにくくて不便。だから、ひびが入ってしまったものや使い勝手の悪いものなどは捨てることに。

対なのに片方が割れたもの、市販のお菓子の空き容器などはまとめて処分。

捨てる！

4月 洋服・小物類を捨てる

家族全員分を総点検し古いものは処分の対象に

たんすの中身をすべて出し、服やバッグを点検。友だちや祖父母から服をもらうことも多いので、汚れが落ちないもの、着古したもの、収納できないものは思い切って処分します。

友人へ
タグのない子ども服などは、ママ友だちとの物々交換のときに活躍。

フリマへ
新品でタグがついているものは、高値で売れるのでフリマに出品。

子どもは引き出し1つ分ずつアイテムごとに仕切って収納

5月 物置の不要品を捨てる

力仕事は、気候のいい季節に。粗大ごみはまとめて捨てる

キャンプやガーデニング用品も、1年たつとかなりの量。捨てるか迷って残しておいたもの、使っていないものなどをまとめて処分。

10月 ロフトの不要品を捨てる

「とりあえずここに」と
ため込んだものを年に1回チェック

屋根裏のロフトは、オフシーズンのものや使用頻度が少ないものを収納するのに重宝。逆に、安心してモノをため込みがちになるので、不要品がないか年に1回チェックします。

8月 タオル類を捨てる

梅雨が終わったらタオルを処分。
使い古しはペットのうさぎ用に

カビてしまったもの、ゴワゴワになったものは、うさぎの飼育用に。タオルはすべて白で統一すれば、古いものがわかりやすくてGOOD。

9月 くつを捨てる

サイズの合わないくつ、
汚れが落ちないくつを
取捨選択

あらかじめ収納する量を決めているので、はみ出た分は処分を検討。子どもの足はあっという間に大きくなるので、毎年見直しても、捨てるくつはかなりの量に。

11月 予備の月

忙しくなる年末を前に
家全体を早めに見直し

なにかと忙しい12月が来る前に、家全体を総チェック。階段下の収納なども、この時期に整理します。「予備の月があると、時間にも気持ちにも余裕が生まれます」

2月 キッチン用品を捨てる

焦げたフライパンややかんは子どものままごと用に

焦げたフライパンややかん、使わないざるなど、いらなくなったキッチン用品は、子どものままごとグッズとして活躍。「子どもたちは、“本物”を使って遊ぶのが大好きです」

3月 手紙を捨てる

何度も読み返したくなるもの、大切な人からのものだけ保管

たまりやすく、捨てにくい手紙は、家族や親友など大切な人からのものや、いい内容のものだけを厳選。同じ人からの手紙がたくさんある場合は、読みくらべて好きなほうを保管。

12月 寝具を捨てる

使い古したタオルケットはうさぎ小屋の防寒として再利用

家族全員分の寝具は、2階の寝室の押入れに。小さな子どもがいると寝具の寿命も短くなるので、古くなったタオルケットなどはペットの防寒用に使い回します。

下の子2人に必要かどうかをたずね、不要なおもちゃはひとまとめに。

友人と交換

使わないおもちゃは友人と交換すれば、お互いが助かる。

子育て支援センターへ

きれいなおもちゃは、子育て支援センターの集会所へ寄付。

1月 おもちゃを捨てる

新しいおもちゃがふえるタイミングで見直し

お年玉でおもちゃがふえる1月に、おもちゃをチェック。子どもたちに「いるか、いらないか」を聞き、不要なものは友人や子育て支援センターに譲ります。

〝捨てるサイクル〟で不要品をこまめに処分するようになったことで、掃除や片づけがラクになり、部屋が広く使えるようになったばかりでなく、家事の負担も減り、趣味のお菓子作りを再開する余裕も生まれました。

　藤林さんの場合、使い切ったと感じるものは気持ちよく捨て、まだ使えそうなものはフリマやリサイクルショップで売ったり、人に譲ったり、別の形で再利用するなど工夫します。ただのごみにしない努力をおこたりません。

「〝捨てるサイクル〟が習慣になると、モノがふえないのはもちろん、むだなものを買わなくなりました。〝捨てる〟ことを通してこそ、自分たちに必要なものが何か見えてくるのかもしれませんね」

Part 2

シンプルライフの達人・金子由紀子さん流

モノをためない＆持たない暮らし方

家にモノがあふれて、部屋がいっこうに片づかない。そんな人こそ、金子さんが提唱する"持たない暮らし"にトライして。自分や家族にとって、理想の生活が見えてくるはず。

『持たない暮らし』『片づけのコツ』の著者

金子由紀子さん

エッセイスト。総合情報サイト「All About」で「シンプルライフ」のガイドを担当。長年の一人暮らし経験から、少ないもので快適に暮らすコツをつかみ、2児の母となった今も実践。著書に『持たない暮らし』(アスペクト)、『片づけのコツ』(大和書房)、『暮らしが変わる40の習慣』(二見書房) など。

持ち家マンション
築5年
82㎡・2LDK

夫(41才)、長女(9才)、長男(7才)の4人家族。

間取り図

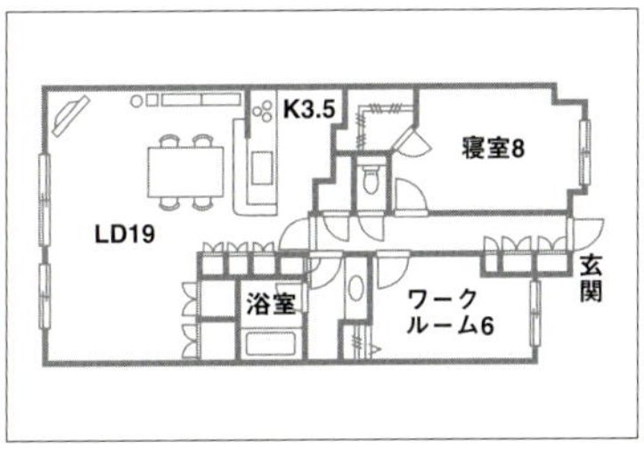

必要以上のものを"持たない暮らし"が心地いい！

「実は、掃除や片づけは苦手」という金子さんは、以前は家事や育児、仕事に追われ、家にモノがあふれて手を焼いていた時期もあったといいます。その後、試行錯誤を重ね、必要以上にモノを持たない"シンプルライフ"にたどり着きました。

「私が考える"持たない暮らし"とは、最低限のもので暮らすことではありません。"持たない"とは、必要以上にモノを持たないこと。"持たない暮らし"とは、自分や家族にぴったりの適正量を模索する暮らしなんです」

モノが多くても活用できているなら、減らす必要はなし。でも、モノが多いと片づけがたいへんで、イライラする人も多いはず。モノに振り回されず、すっきり暮らしたい人にこそ、"持たない暮らし"はおすすめです。

"持たない暮らし"にはメリットがいっぱい！

1. モノが少ないから部屋を広く使える
2. むだ買いや衝動買いをしなくなる
3. モノの整理や片づけがラクで、収納に悩まなくなる
4. 掃除がしやすい
5. モノに振り回されるわずらわしさから解放される

床置きしているものが少ないので部屋が広々と見える

19畳のリビング・ダイニングにあるのは、ダイニングセットと2つの棚だけ。背の低い家具を選び、床面積をたっぷり確保することで、空間が広々とした印象に。

おもちゃはふたつきボックスですっきり

色や形がさまざまなおもちゃは、中身が見えないふたつきボックスに収納するのが正解。シンプルなボックスを選べば、リビングに置いてもインテリアをそこねない。

子どもの絵はインテリアとして楽しむ

子どもの絵はしまい込まず、額に入れて暮らしの中で楽しむ。部屋に飾ってもらえば、子どもも大満足。しばらく鑑賞したら、新しい絵と交換。

Living Dining

リビング・ダイニング

来客用の食器は持たず「家族の人数＋2」で対応

金子さんが持っている基本の食器は、棚2段分だけ。白い食器は『無印良品』の定番アイテムで、大中小のお皿、小鉢、マグカップを家族4人分＋2の合計6枚ずつ所有。

コーヒーもワインもOKの万能グラスを活用

お気に入りの耐熱グラス6個は、キッチンカウンターの上が指定席。じょうぶなので、小さな子どもでも安心。「熱いコーヒーも、ワインやビールも、このグラスで飲んでいます」

時間をかけて少しずつシンプルライフに

金子さんの場合、食器は定番アイテムを家族の人数＋２人分だけ持ち、ふだん使いのものと来客用は兼用。ファッションもシンプルなものを選び、流行に左右されないデザインやカラーのアイテムを厳選しています。「シンプルライフは、時間をかけて少しずつ実践していくのがコツ。今シーズン着なかった服は処分を考える、ストック品を買うのをやめるなど、小さなことから始めてみましょう」

家の中から不要なものを捨てることも大事ですが、必要以上に捨てないためには、やはり〝持たない〟ことが不可欠。本当に使うものかどうかを吟味して、少しずつ〝持たない暮らし〟にチェンジしていくことで、毎日の暮らしがより快適で、心地よいものになっていきます。

アイテム別

モノの持ち方・選び方

〝持たない暮らし〟を楽しむ

〝持たない暮らし〟とは、少しのもので暮らすのではなく、必要以上のものを持たずに暮らすこと。自分や家族を知ることが、自分たちサイズの量を持つ暮らしにつながります。

衣類

1年間分のワードローブはこれだけ！　衣替えも不要

ハンガーにかけているのは、コートやスーツ、ジャケット、喪服など。これに右の衣装ケース2つを加えたものが、金子さんのワードローブのすべて。バッグは革や布トートなど5個を所有。

服の量を大人は衣装ケース2つ分、子どもは1つ分と決め、ふやさない

ふえやすい衣類は、収納スペースを限定して所有量を調整。金子さんの場合、大人は衣装ケース2つ分、子どもは1つ分と決め、新しい服を1枚買ったら、1枚処分するようにしています。

くつ

金子さんが持っているくつは厳選した7足のみ！

黒いパンプスとベージュのサンダルは仕事やフォーマル用。カジュアルシューズ、スニーカー、ドライビングシューズのほか、ブーツを1足所有。シンプルなデザインだから、どんな服にもマッチ。

家族4人分のくつは、このスペースに限定。手入れをして、長く愛用します

気に入ったくつを手入れして、長くはくようにしているので、家族4人分のくつは、くつ箱に入る分だけ。すぐに小さくなる子どものくつは、洗い替えを含めて2足しか持たないのが金子さん流。

サニタリーグッズ

余分な色やデザインを排除。透明ボトルに入れ替えて見た目すっきり！

「ホテルのバスルームのような、シンプルで清潔感のある空間が理想」と金子さん。シャンプーやリンスは透明ボトルに入れ替え、うるさい色やパッケージのはんらんを防止。

タオルは20枚と数を決め色は白、素材はリネンとコットンで統一

バスタオル8枚、ハンドタオル6枚、ウォッシュタオル6枚と数を決めて管理。色は白、素材はリネンとコットンで統一。リネンタオルなら、かさばらないのも魅力。色柄もののタオルは、バザーなどに出品するそう。

掃除グッズ

液体せっけん、重曹、クエン酸を使ったエコ掃除を徹底

掃除に液体せっけん、重曹、クエン酸を使えば、場所や汚れ別の各種洗剤いらず。生協で詰め替え用を購入し、ごみも最小限にします。重曹とクエン酸はそのまま振りかけたり、水溶液にしてスプレー。

古着をはぎれにして掃除のときにフル活用

着古したTシャツなどは適当な大きさにカットし、かごの中に保管。掃除のときに活用しています。「モノを最後まで使い切るのって気持ちいいですよね！」と金子さん。

モノをためない！ 7つの習慣

〝持たない暮らし〟を実現する

習慣の力で常にきれいをキープ

金子さん宅のリビングクローゼット。モノをためない習慣が根づいているので、モノがあふれてゴチャゴチャになることはない。

〝持たない暮らし〟はダイエットに似ている！

消費カロリーより摂取カロリーが多ければ、体重は増加。同様に出ていくものの量より入ってくるものの量が多ければ、モノはふえます。そう、ダイエットと〝持たない暮らし〟の実践はそっくり！ だからこそ、〝持たない暮らし〟を目ざすなら、「入れずに、出す」を意識することが大事です。

暮らしのリバウンド防止は、大きな収納より小さな習慣

きれいに片づけた部屋がしばらくするとゴチャゴチャ……という経験は、だれにでもあるはず。これが、暮らしのリバウンドです。モノをためてしまう理由や自分の行動パターンを自覚しなければ、きれいな状態をキープすることは困難。暮らしのリバウンドを防ぐには、モノをためない思考や行動を習慣化するのが重要なのです。モノをためない習慣が身につけば、いつもすっきりした部屋を維持しやすくなります。

〝持たない暮らし〟を継続するには、モノをためない習慣を身につけることが第一歩！ ここで紹介する7つの小さな習慣を、さっそく実行してみましょう。

ためない！習慣

1 もらわない

家にある不要品の大半はタダのもらいもの！

無料配布の品、試供品、おまけ、景品、粗品など、使いもしないもらいものが家に転がっていませんか？ 心が込もった贈り物は別として、タダでもらったものは、たいてい大事に扱われません。もらうときは、「気に入らなければ捨てればいい」と気軽に考えても、どこも傷んでおらず、まだ十分使えるものを捨てるのは、かなりハードルが高い行為。その結果、使わない〝もらいものの山〟が家の中に築かれてしまうのです。

これを防ぐには、絶対に使うもの以外は受けとらないこと。おみやげや贈答品を断るのはむずかしいですが、ひんぱんにくれる相手には、日ごろから自分の好みなどをそれとなくアピールしてみてもいいでしょう。

ためない！習慣

2 買わない

「一度では買わない」姿勢を徹底しよう

衝動買いはストレス発散になりますが、あとで後悔し、新たなストレスの種になるので注意が必要。むだ買いや衝動買いをなくすには、「一度では買わない」ことを徹底するのがカギです。どうしてもほしければ、後日買いに行くはず。商品を目にして、やはりほしいと思うなら買ってもいいですが、実はこのようなケースはまれ。最初に見たときほど、その商品が魅力的に見えないことも多いのです。

買い物によるストレス解消効果は、一時的なもの。本当に気に入ったもの、必要なものだけで暮らす生活は、「買わなくても大丈夫」というスタンスを自分の中に定着させ、モノをひとつひとつ、きちんと見る目を養うことでのみ実現できるのです。

ためない！習慣

3 ストックしない

ストックしなければモノを大切に使うように

ラップやティッシュ、洗剤などのストックが大量にあると、家の中の限られた収納スペースを圧迫することになります。ストック品を買い込む理由には、「なくなったら困る」という不安と、「安いからまとめ買いしよう」というお得感があるのでしょうが、どちらも〝持たない暮らし〟には不要な考え方です。

仮に切れたとしても、1日くらい何かで代用すればいいし、消耗品のセールはひんぱんに行われています。また、ストックしないことで、今まで無雑作に使ってきたものを大事に使おうと心がけるようになるはず。安くても必要な分しか買わない、モノがなくても暮らせる知恵を身につける。そんな姿勢が〝持たない暮らし〟の基本なのです。

ためない！格言

**昔はモノを持つために努力をしたが
今はモノを持たないために努力が必要**

モノがあふれ、いつでも手に入る現代は、不要なものを家の中に持ち込まないよう意識し、行動することが欠かせません。

ためない！習慣

4 捨てる

自分の家のルールを決め、捨てる習慣をつけましょう

〝捨てる〟というのは、実はむずかしい行為。不要だけどまだ使えるものを捨てるのは後ろめたいうえ、分別や指定日回収のタイミングを逃すと、モノによっては何週間も捨てられない状態がつづくこともあります。こうして、つい捨てるのがめんどうになって家の中や外に放置してしまう、という人も多いようです。

そうならないためには、捨てることを習慣化するのが先決。雑誌やCDは一定量を超えたら処分する、賞味期限切れの食材がないか冷蔵庫を定期的にチェックするなど、自分のルールを決めるのも手です。また、ごみが家のあちこちに散乱しないよう、捨てるまでの置き場所を確保するのも重要なポイント。

ためない！習慣

5 代用する

安易に買わず代用できないかを考える

一升びんに残ったみりんを小びんに移す際、じょうごがあると便利。でも、家にじょうごはないし、年に1回使うかどうかわかりません。あなたは100円ショップで好みではないプラスチックのじょうごを買いますか？　それとも何かで代用して、その場をしのぎますか？

「必要なものだけ吟味して持ちたい」と思うなら、安易に買わず、（たとえばクリアファイルをじょうごがわりにするなど）今あるもので代用できないかをそのつど考えるようにしましょう。もっと大きなもの、高価なものなら、なおさらです。ちょっと知恵をしぼれば、代用できるものは意外と多いはず。代用することは、暮らしの技術を向上させることにつながります。

ためない！格言

お金と空間はめったに使わないものではなく、毎日使う愛すべきものに費やすべし

モノを所有するにはお金と収納スペースが必要。毎日使うものこそこだわって選び、ていねいに使うことが、快適な暮らしへの近道。

ためない！習慣

6 借りる

貸す、借りるという行為が気軽にできる人間関係を

めったに使わないものの場合、借りるのも有効な手段。たとえば客用布団など使用頻度が低く、場所をとるものは貸し布団を利用したり、工具や調理器具などたまに必要になるアイテムは隣人に借りたりすれば、買わずにすませることが可能です。

都心では、車を共同で使うカー・シェアリングという試みもスタート。車以外にもさまざまなものを共同で使うようになれば、めったに使わないものに住空間を占領されたり、むだな出費を強いられる機会も減ります。

また、隣人や友人の間での貸す・借りるという行為は、友好的な人間関係があってこそ成り立つもの。希薄になりつつある関係を補う手段としても、重要といえるかもしれません。

ためない！習慣

7 なしですませる

本当に必要かどうか自問自答をくり返すこと

「これが必要」と思って手に入れたものが、いつの間にかごみとして捨てられたり、フリマで売られることも。人の物欲はそれを手に入れるまでは激しく燃えさかりますが、手に入れたとたん、ウソのように興味を失ってしまうこともしばしば。人の欲望は強烈に見えて、意外とはかないのかもしれません。

何かほしいと思ったときは、「それがないと、どう困るのか」「それをどれくらい使う（楽しむ）のか」「それはずっと手元に置いておきたいほど価値があるのか」といった問いを、自分に向けてみましょう。この問いをいつも自分の中に持ちつづけ、冷静に判断をくだせれば、実は、なしですませられるものがいかに多いかに気づくはずです。

ためない！格言

大切なもの以外、自分の家は〝モノの通過地点にすぎない〟と意識する！

本当に大切なもの以外は、「捨てる」や「借りる」といった発想をとり入れ、必要な人へとモノを通過させる意識を持つことも重要。

いつでも部屋がすっきり見える！

“持たない暮らし”流 片づけテク

ここでは、“持たない暮らし”を快適につづけるための、最低限の片づけ法を伝授。
ちょっとしたポイントに気をつけるだけで、部屋が何倍もすっきりステキになります！

テク 1

モノを置くときはそろえて置く

よく使うものはしまい込むより、外に出しておくほうが便利。そろえて置くことを心がければ、出しっぱなしでも乱雑な印象を与えません。こまかいものは、トレイや箱に入れて置くこと。

テク 2

食卓の上にモノを置かない

食卓は、床の次に広い面積がある平面。ここにモノを置かないようにすると、整然とした印象が倍増します。何か置く際は、美しいデザインのものをセレクトして。

テク 3

床の上にモノを置かない

床の上にモノをじか置きしないことは、部屋をすっきり見せるうえで最重要ポイント。床がたくさん見える部屋ほど、広々として気持ちよく、掃除もしやすくなります。

テク
4

切り花など生きているものを飾る

一輪の花や一匹の金魚など生き物を置くと、部屋が華やぐのはもちろん、世話のためにそのコーナーに意識が向くようになります。この結果、まわりからどんどん片づいていくことに。

テク
5

ラベルやロゴをとり除きプラスチックのアイテムは隠す

色とりどりの日用品のラベルやロゴは、とり除くのが正解。チープに見えやすいプラスチック品は、見えない場所で使うようにすれば、部屋のすっきり度が格段にアップするはず。

テク
6

捨てながらしまう“デトックス収納”を日々実践する

散らかっているものをしまう際、無意識に戻すのではなく、「これは収納すべきか、捨てるべきか」を考えてみて。捨てながらしまうことを習慣づければ、不要なものは確実に減っていきます！

金子さん直伝！

アイテム別

処分じょうず＆持ちじょうずになるコツ

着ない服や使わないものの収納に、頭を悩ませるなんてナンセンス。お気に入りだけを所有し、不要なものは必要としている人に再利用してもらうほうが、人もモノも幸せ！

衣類

〝たんすの肥やし〟には第二の人生を与えよう！

多くの人が収納に困っている衣類。「また流行がくるかも」と着ない服をとっておく人がいますが、似たような服でも微妙な違いがあり、まったく同じものが流行することはまずありません。また、上質な服でも自分と相性が合わないなら、その価値はゼロ。着ていて違和感がある服、1年間袖を通していない服は、処分を考えましょう。

モノを大切にするのはいいことですが、明らかに減価償却ずみの服を着るのは考えもの。部屋着に格下げしたり、掃除に活用するなど、新たな使いみちや処分法を検討してみて。

処分するもの

- 1年間着なかった服（冠婚葬祭用以外）
- 違和感があったり、着ても楽しめない服
- 明らかに着倒した感のある服　など

持ちじょうずのコツ

自分の生活に必要な服の数と種類を出す

人によって、仕事・遊び・ふだん・フォーマルなど生活シーン別に必要な服のアイテム数は違うので、自分の適量を考えてみて。さらに、春秋、夏、冬といった季節ごとに分類すると、足りないアイテムが見えてきます。

通販やバーゲンで買わずじっくり吟味して選ぶ

通販やバーゲンは、着ない服をふやす2大供給源と心得て！　選ぶ際は試着をくり返し、なるべく自然光に近い場所で色みをチェックすること。買い足す服の色やデザイン、素材なども日ごろからイメージしておきましょう。

処分じょうずのコツ

売る

高価なブランド品で傷みの少ないものは、リサイクルショップで売ると、いい値がつくことも。フリマやネットオークションでは、季節に先行する衣類を売るのがコツ。

寄付する

新品の服やほとんど着ていない服は、ボランティア団体に気持ちよく寄付するのもいいアイディア。送るときは、その団体が求めているアイテムかどうか確認することを忘れずに。

再生する

愛着があるけれどサイズ補正や補修が必要な服は、専門の修理業者に依頼を。傷みが激しいけれど捨てたくない場合は、リメイクしてほかのアイテムに生まれ変わらせてみても。

捨てる

古着を資源ごみとして回収している地域に住んでいるなら、しっかり分別すること。回収された衣類は、ウエス（工業用のぞうきん）として再利用されたりします。

本・CD・DVD

処分するもの

- ベストセラー、ヒット作
- あまり使わない基本的な資料
- 実用書などで一部だけ必要なもの
- 自分の意思とは関係なく手に入れたもの　など

書籍やソフト類は売るのに向いている！

市場に数多く出回っている本やCDなどのベストセラー品は、レンタル店やリサイクル店で容易に入手できるので、手放しても惜しくはないはず。図書館に必ず収蔵されているような基本的な資料なら、必ずしも個人で所有する必要はありません。また実用書などで部分的に使うものは、その部分を書き写したり、コピーしておけば、保存スペースが少なくてすみます。

本、CD、DVDなどは中古市場が確立していて、売買が盛ん。ネットでの検索にも向いているので、売りやすく、処分しやすいのが特徴です。

持ちじょうずのコツ

積極的に図書館を利用する

ベストセラー本や推理小説などは、一度しか読まずに死蔵品になることが多いので、多少待っても、図書館で借りるのがおすすめ。公立図書館は相互利用を行っているので、そこにない本でも他館から送ってもらうことができます。

マイナーな本はネット書店で入手できる

「Amazon」などネット書店の中古本市場では、古い本やマイナーな本でもピンポイントでさがし、購入することが可能。CDなどソフト類も同様です。一度手放しても再びさがすことが簡単なので、個人所有にこだわらなくてもいい時代に。

音楽はダウンロードしてスペース問題を解消！

最近は、ネット上の音楽配信システムから直接音楽データをパソコンや端末にダウンロードするという聴き方が普及。これを活用すれば、CDの収納に困りません。今後は音楽だけでなく映像も、ダウンロードという形で楽しむスタイルが主流になりそう。

処分じょうずのコツ

売る

大型のリサイクル書店なら、本やソフト類をまとめて処分することが可能。分量が多ければ、家まで引き取りに来てくれるところもあります。高く売りたい場合やマニアックなものは、ネットオークションに出品するといいでしょう。

寄付する

図書館、駅の文庫、学校、被災地や貧困地域の子どもに絵本を送るボランティア団体など、本の寄付先は意外とあるので調べてみて。ただし、マニアックなもの、趣味色が強いものは寄贈には向かないので注意。

捨てる

本や雑誌を捨てる際は、純粋に紙だけの部分を処分。雑誌に綴じ込まれたCDなどは、忘れずにはずしてください。ソフト類は自治体によって可燃ごみ、不燃ごみの指定が異なるので、地域のルールに従って廃棄を。

思い出や趣味のもの

心の整理がついたら潔く処分しよう！

写真は写りの悪いものや重複しているもの、手紙は保存の必要性がないものを捨てれば、だいぶカサが減ります。プレゼントは基本的には気持ちのやりとりが大事なので、相手に知られずにすむものは処分してしまって。引き出物やお中元、お歳暮の品も同様です。

学生時代や旅先での思い出の品は、重要度の低いもの、かさばるものは写真に撮って残すのがおすすめ。人からの贈り物や思い出の品は捨てにくいものですが、心の整理さえつけば、ほかのものと同じように処分することも可能なのです。

処分するもの

- 写真や手紙
- おみやげ、プレゼント
- 引き出物、お中元やお歳暮でいただいたもの
- 思い出の品
- 趣味で集めたもの　など

持ちじょうずのコツ

困った贈り物をくれる人には「○○が好き」とアピール

旅先で友人や自分におみやげを選ぶときは、「消費できるものか、小さなもの」を心がけること。また、好みでないプレゼントやおみやげ、贈答品をくれる人には、「私、○○がほしいの」など、それとなく自分の好みや需要を知らせる努力をしてみて。

要・不要の判断は初期に行う！

「買った（もらった）けど、使わないかな」と実感するのは入手した直後が多く、実はこのタイミングがいちばんの捨てどき！「もう少し置いておこう」と思うと、そのままずっと居すわりつづけることになりがちなので、要・不要の判断は早めに行って。

処分じょうずのコツ

捨てる

写真や手紙など個人情報を含むものはシュレッダーにかけるか、こまかくしてから捨てること。おみやげや収集品などは、地域のルールに従って分別を。人形やお札などは、神社やお寺でおはらいしてから捨てる方法もあり。

売る

プレゼントや贈答品などは、リサイクルショップで買い取ってもらえることも。雑貨やキャラクターグッズ、タオルなどの実用品はフリマがGOOD。ネットオークションに出品するなら、コレクターアイテムがねらい目。

寄付する

未使用のせっけんやタオル、洗剤などの実用品は、寄付できる場合もあります。ボランティア団体や公共施設などで受け入れているところがあるので、問い合わせてみましょう。

家具・家電

大物を処分すると途端に部屋が広々！

子ども時代の家具や出番のない調理家電など、単なる場所ふさぎになっているものは、思い切って処分しましょう。洋服かけと化している健康器具やとびらが閉まらない棚など、本来の目的で使っていないもの、十分な機能を発揮していないものも処分の対象です。また、子どもが生まれた家庭に、一人暮らし用の家具や家電は不向き。暮らしのサイズに合わないものも不要品リストの仲間入りを。

家具や家電はかさばるアイテムが多いので、売るにしても、捨てるにしても、下調べをしてから実行してください。

処分するもの

- 何年も使っていないもの
- 使いにくいもの
- 本来の用途をなしていないもの
- 暮らしのサイズやスタイルに合わないもの　など

持ちじょうずのコツ

家具はいいものを大事に使うか、なしですませる

家具を買うなら、長期的に使える上質なものを選ぶのがいちばん。使うほどに味が出るような材質で、ていねいに作られたものなら飽きがきません。一人暮らしの場合は、板とレンガで棚を手作りするなど、家具を買わない工夫をしてみてもいいでしょう。

調理家電は基本的なものだけにとどめる

使っていない家電の多くが、キッチンにあります。便利さにつられて買っても、そのつど引っぱり出すのがめんどうで、徐々に出番がなくなることもしばしば。「○○メーカー」といった類の便利グッズを買う前に、自分で簡単に作る方法を調べてみては。

あらかじめ捨てるときのことを考えて、購入すべし！

家具や家電を捨てるのは本当にやっかい。処分するのに費用もかかるので、大型商品を買うときは、それを処分するときのことも頭に入れて購入を。代用できたり、なくてすむものは持たないに限ります。

処分じょうずのコツ

売る

フリマは不向きなので、リサイクルショップやネットオークションで売るのが現実的。素材やメーカーによっては高値がつくケースも。市区町村の広報誌や掲示板などで売買の仲介をしていることもあるのでチェック！

寄付する

まだ十分使える家具や家電を処分するなら、最寄りのボランティア団体や公共施設に問い合わせてみるのも手。その場合、搬出作業をしてもらえるかどうかも、事前に確認しておきましょう。

捨てる

家具や家電の多くは粗大ごみとして所定の料金を払い、指定された日に指定された場所に捨てます。サイズが大きくて運び出すのが困難な場合などは、不要品の処理業者に依頼するという方法もあり。

紙類

紙は情報であり資源。重要度を見極めて処分を

紙類はそのまま燃えるごみとして捨てれば簡単ですが、紙は情報であり、資源でもあるので、捨て方には配慮が必要です。

新聞や雑誌、段ボールなどの資源ごみは、捨てるまでの一時置き場をしっかり確保し、回収日を逃さず処分しましょう。ポイントカードなどは数があっても使いこなせないことが多いので、厳選して持つこと。お知らせやDMは、受け取ったときに要・不要を判断することが大事。街頭にあるフリーペーパーやカタログなどは、むやみに家に持ち込まないことも、不要な紙類をためないポイントです。

処分するもの

- 新聞、チラシ、切り抜き
- 各種お知らせ
- 領収書
- ダイレクトメール
- カタログ
- 会員カード、ポイントカード
- 段ボール箱、紙箱　など

持ちじょうずのコツ

日々たまる新聞やチラシはやめるのも一案！

夕刊もとっていれば、新聞は1カ月でかなりの量に。ニュースや情報はネットやテレビでも入手できるので、特にこだわりがなければやめるのもひとつの方法。また、折り込みチラシが不要な人は、チラシだけ抜いたものを配達してもらうことも可能です。

お知らせ類は手帳やカレンダーに書き写して処分。領収書は1カ所で管理を

地域や学校からのお知らせにはすぐ目を通し、その場で保存するかどうか判断。必要事項をカレンダーや手帳に書くだけでOKな場合も多いはず。レシートや領収書は1カ所で管理すると、扱いがラクに。

不要なDM類やカタログは受け取り拒否をすればOK！

郵便として届いたDMやカタログは、表書きに「受け取り拒否」と大きく赤字で書いてポストに再投函すれば、送り主のもとに戻り、次回からはたいてい送ってこなくなります。宅配業者によるものは、送り主に電話して配布をやめるように頼んでみて。

処分じょうずのコツ

再利用する

新聞は押入れの下に敷いて湿気とりにしたり、ぬらして窓ガラス磨きに再利用。チラシは裏白のものはメモ用紙に活用するほか、折って箱状にするのもおすすめ。粉ものを計量するときや、生ごみの一時捨て場として重宝します。

捨てる

ほとんどの紙類は、資源としてリサイクルすることが可能。地域の分別基準を守り、ビニールなど異素材が混入しないように注意しましょう。個人情報を含む紙類は、こまかく切ってから燃えるごみとして廃棄します。

2章

収納達人による、
すっきり片づく
収納ワザ

キッチン、LD、玄関、子ども部屋、
クローゼット、寝室といった場所に合う
収納アイディアを紹介します。
だれでもすぐ実践できるので、
やりやすいところからトライしてみて。

House File : 01

道具の色や素材にもこだわり、気持ちよく使えるキッチンに

Kitchen
キッチン

調理の流れを止めない収納の工夫があちこちに

仕事から帰ってきたら、すぐに晩ごはん作り。気持ちよくとりかかれて、ササッと手ぎわよく調理できるようなキッチンを心がけた。

収納ワザ1

収納場所は「手の届きやすさ」を重視。機能的な仕切りで、出し入れもスムーズ

色や素材のふぞろいなものは隠す。いちばん手が届く場所に、よく使うものの収納場所を確保。さらに、コの字ラックや空き箱を使って仕切ることで、出し入れの動きが最小限に。

1段め　調理グッズ

菜箸やお玉などよく使うこまかいもの、調理スペース下の引き出しに。

すぐとり出せます！

2段め　ふだん使いの食器

茶わんやお椀は、種類ごとに重ねて収納。「ここなら、お手伝いをしてくれる娘たちも使いやすい高さ」

シンク下　コの字ラックで整理

よく使うボウルと密閉容器を左側に寄せ、2段に。開閉は左のとびらだけにして、動きを最小限に。

キッチン間取り図

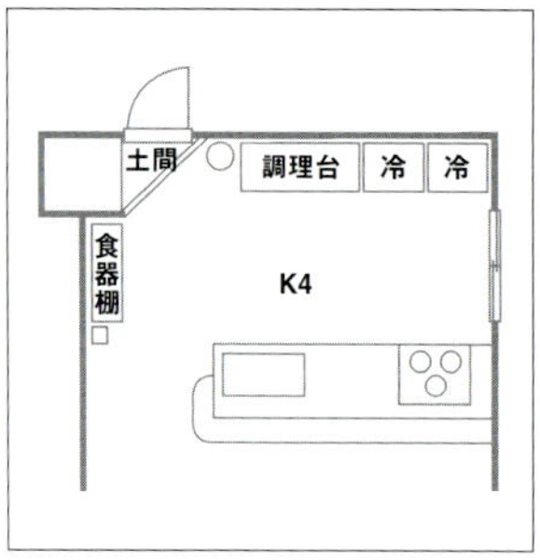

持ち家一戸建て
築7年
95㎡・4LDK

友成さん（31才）、菜々子ちゃん、佳菜子ちゃん（ともに7才）、実母の上原久美江さん（55才）の5人家族。

仕事は薬局の医療事務。好みの通販雑貨をさがすのが好き。

「キッチン」収納達人

西尾真帆さん
30才・長野県

食器棚　色の強いものは目隠し

食器棚のとびら越しに見えるのは、白地と無地の食器とガラス。色の強いものを上2段にまとめ、とびらの裏に布をはって隠す。

白を基調とした清潔感あふれるキッチンは、西尾さんだけでなく、お母さんが洗い物、子どもたちがお手伝いと、母娘3代が集う場所。「お皿は洗い物をしてくれる母がすぐしまえる調理台上のオープン棚に、茶わんやお椀は、娘たちでも出しやすい高さの引き出しにと、〝手の届きやすさ〟で収納する場所を決めています」

家族の使いやすさに気を配りつつ、気に入った調理器具をかわいく並べ、見せる収納も楽しみに。「疲れて気分が乗らない日でも、キッチンに入れば気持ちよくごはんが作れる。キッチンが家族みんなにとって、そんな心地よい場所になればいいなと思います」

仕切りはお菓子の空き箱で

キャビネット内は乾物や調味料を。「お菓子などの紙の空き箱はコンパクトで、仕切りにぴったり。汚れたら、捨てられる手軽さもいい」

対面式キッチンなので、リビングからもよく見える。「だからこそ、すっきりと見せたい」

オープン棚は白い食器でまとめる

リビングからいちばん目につくのが、このオープン棚。ふだん使いの白い器だけを置き、すぐにとり出せるようにしている。

収納ワザ2 あたたかみのある色や素材のものは収納グッズとして飾りながら使う

白と茶、木や籐、ガラスやホーローなど、部屋となじむ色や素材のグッズは、お気に入りなので、そのままインテリアとして飾りながら収納している。

ホーロー製のキャニスター

1個120円で、思わずまとめ買い。砂糖、塩、かたくり粉を入れて、コンロに近い窓辺に。

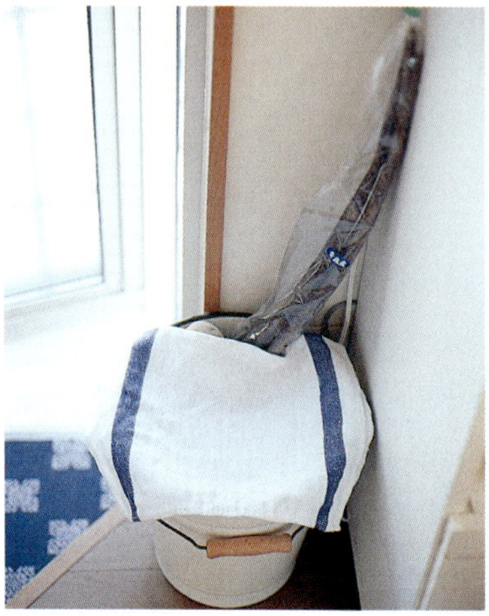

白バケツの常備野菜入れ

ごぼう、玉ねぎなどはホーローの白いバケツに入れて勝手口そばに。麻のクロスで目隠し。

手作り棚にはコーヒーアイテム

あこがれだった月兎印のスリムポット。しまっておくのはもったいなくて、棚を手作り。

かごの中にはランチョンマット

文房具は『雑貨カタログ』で通販したチェストに。木製ラックにはランチョンマットを。

自然素材のほうきとちりとり

ほうきは手作りのワイヤフックにつるして。ちりとりもそばに置くだけでかわいい。

見えるところはホーローやかごなどのやさしい素材でまとめ、色合いは白と茶にしぼって、ほっと落ち着く空間をつくっています。「色数を抑えた空間には、お気に入りがいっそう引き立ちます」使いやすさはもちろん、かわいく〝魅せる〟収納が、毎日のおいしいごはん作りを支えています。

収納
ワザ3

高いところもじょうずに空間利用。かごや麻バッグなど、軽いものならつるす

空間に限りがあるキッチンだから、つるして収納する工夫も。籐かご、麻バッグ、なべつかみなど、軽いグッズならOK。目につきやすいから、色や素材を統一。

かごは流木ハンガーに

かごの中にはポリ袋やお菓子のレースペーパーなど、こまかくて軽いものを。「流木は新潟の海で拾ってきました」

ミルクパンとなべつかみ

レンジガードと棚にS字フックをかけ、ミルクパンやなべつかみをつるしている。コンロの上なのですぐ使える。

茶系の布バッグ

分別ごみスペースの上の布バッグには、左は紙ごみ用、右はレジ袋のストックを。右は西尾さんの手作り。

洗い物がすんだら、床に落ちた野菜くずなどをほうきでひと掃き。これでキッチンはいつも快適で、出勤前の朝の掃除もスムーズ。

House File : 02

色選びやデッドスペースの活用で モノが多くてもゴチャつかない

1段め
紅茶の缶

2段め
ティーポット、急須、茶たく

3段め
乾物類

4段め
調味料

5段め
カップ

6段め
砂糖、塩、小麦粉、カップ

7段め
コーヒー、グラニュー糖、ドライフルーツ

手の届きやすい下3段には、ふだん使いの食器や容器をオープン収納。とびらを閉めれば隠れる上4段も、色や形をしぼったので実用品も整然と見える。

収納ワザ1 食器と容器を白と透明に統一。モノが多くてもすっきり見える

キッチン道具はできるだけ白や透明のものを選ぶ。目に見えるところは白と透明の2色の容器や雑貨を置いて、キッチン全体を清潔感のある印象に。

料理研究家なので、食器や調理道具、食品などは普通の家より多いですが、松田さんは4畳のスペースにおさめています。

「見た目のすっきり感と収納スペースのバランスを考え、棚や収納グッズをふやしたり、モノを移動したり。白と透明が好きで、外に出るものはこの2つにしぼったら、

キッチン間取り図

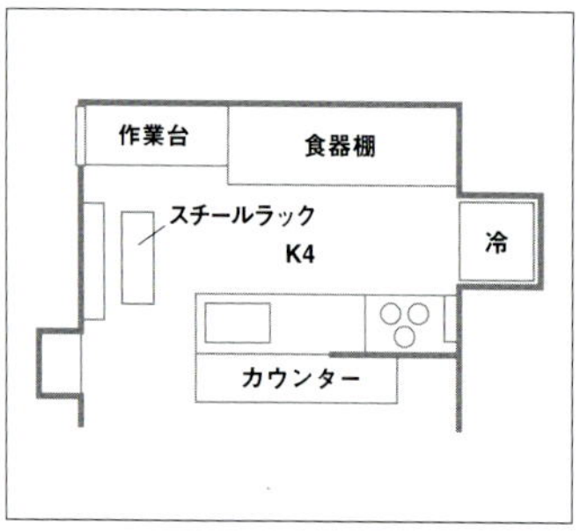

持ち家マンション
築8年
77㎡・3LDK

昭三さん（60才）と2人家族。

料理研究家。著書に『5分・10分・20分で！ ぱぱっと野菜おかず100』（文化出版局）などがある。

「キッチン」収納達人

松田万里子さん
58才・東京都

Kitchen キッチン

4畳の限られたスペースは使いやすい工夫がいっぱい

仕事柄、キッチン関連グッズは膨大な量。壁面収納、スチールラック、グッズを駆使して適材適所に配置。

収納ワザ2

電化製品はまとめてスチールラックに。用途が同じものは見た目にも統一感が

お菓子や乾物の保存は紅茶の大きな木箱に

ラック下段の木箱は、紅茶店で購入したもの。左からお菓子、のり、乾物類をストック。「茶箱だから湿気をとり込みません」

キッチンの入り口近くに、雑貨ショップ「F.O.B COOP」で購入したキャスターつきラックを。無機質なキッチン家電を1カ所にまとめ、すっきりと見せた。

キッチングッズも白や透明のものをチョイス

白いふたの空きびんは捨てずに、食品や小物入れとして再利用。

大きなガラスのストレートジャーを米びつに。約3kg分の米が入る。

台所洗剤とハンドソープは、白い陶製のポンプ式ボトルに入れて。

見た目がすっきりしました」

ゴチャついて見える色や形のものは、とにかく棚や引き出しへ。ひと目でわかるように中をかごで仕切り、とり出しやすくしました。キッチンは、モノを出し入れする回数が家の中でいちばん多い場所。むりなく使いやすい収納が、暮らしに余裕をもたらします。

収納ワザ3

ゴチャついて見えるものは見えない棚や引き出しの中へ

カラフルな食品パッケージや調理道具、大きさや形がまちまちな食器などは、とびらつきの棚や引き出しへ。「キッチンに色がはんらんしないようにしています」

ふだん使いの食器も棚の中へ

ふだん使いの食器は観音開きの棚に。種類ごとに並べれば、必要なものがすぐとり出せる。

色つきの食器は隠す

ラップやホイルのストック、湯飲みや小さな器などをひとまとめに。

小皿はまとめて

小鉢や調味料を準備するのに便利な小皿を。「100均かごで仕切れば、ゴチャつきません」

ふぞろいの調理グッズは引き出しに

しぼり袋、茶こし、おろし金など、こまかいものも浅い引き出しなら見つけやすい。

収納ワザ4

かごやスタンドを使い、仕切って収納。ラベル表示して、ひと目でわかるように

奥行きや深さのあるスペースは、入れるものに合わせた仕切りを実践。収納量がアップした分、ラベルで中をわかりやすくするのもポイント。

中身を書いたラベルをふたにはって一目瞭然

引き出しの中の調味料は、上から見てすぐわかるようにふたにラベルシートを。小さいびんをかごにまとめ、倒れ防止に。

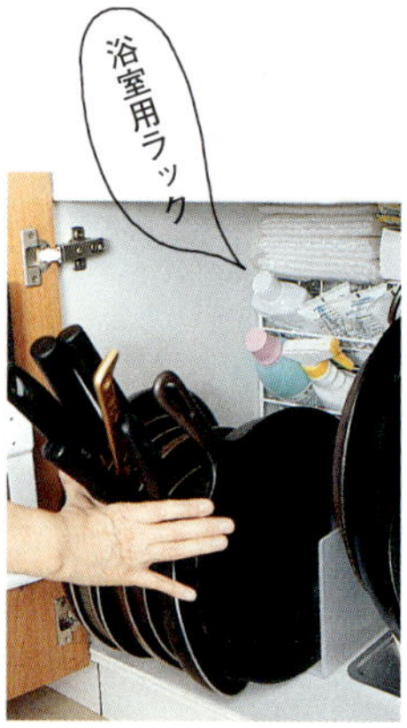

フライパンは立てて出し入れスムーズに。奥には浴室用ラックで洗剤類を収納

『無印良品』の仕切りスタンドにフライパンを収納。奥の洗剤類はふた部分が手前に向いているので、出し入れがスムーズ。

収納
ワザ5

棚下や壁面などのすき間を生かして つるしたり浮かしたりして空間を活用する

既存の収納スペースでおさまりきらなければ、すき間や壁面も見のがさずに有効利用。とりつけが簡単な棚はフックを使って、手軽に収納スペースを拡大。

つり戸棚の下のバーにカップをつり下げる

『ユザワヤ』で約3000円で買ったスチール製バーを、棚の下に固定。S字フックでカップをつり下げれば、見た目すっきり、使いやすさもアップ。

スチールのコの字棚で調理器具を浮かして空間活用

ガス台奥にスリムなスチール棚を置き、その上にガス台で使う調理器具をまとめた。コンロをふさがず、空いたスペースを有効に利用。

ピーラーやゴム手袋をバーにつるす

つり戸棚の下にバーを渡して、シンクまわりで使うグッズを。つるすものも白に限定。

ざるを吸盤フックにつるす

シンクやガス台から近い、つり戸棚の側面に。「ここなら調理中でも片手でとれます」

キッチンツールをケースに立てる

職人さんに作ってもらったメラニン塗装のケースには、毎日使う道具がたくさん入る。

House File :

同じケースやかご、ファイルを使い、ラベル表示してひと目でわかるように

上段

あまり使わないもの

アルバムや写真類は手が届きにくい高い場所に。

中段

使うものをケースに分類

リビングで使う、こまかい日用品を種類別に収納。

下段

よく使うもの、重いもの

掃除機、新聞のストック、ミシン、紙袋など

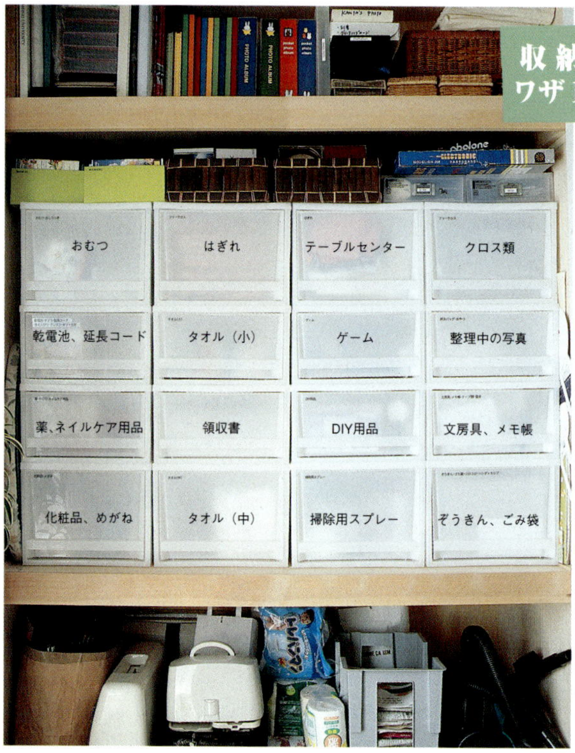

収納ワザ1

ケースの中身がだれでもひと目でわかるようにラベル表示

クローゼット内は半透明のケースが16個。透明テープのラベルをはり、「どこに何があるか」がひと目でわかるようにした。

掃除機はいちばんよく使うからとり出しやすいところに置く

布ものは立てて収納

ぞうきんを見やすく、出しやすく立てて収納。「何かこぼしても、サッと掃除ができます」

スプレー類は上部に名前を

洗剤は上部にラベル表示したので、すぐにとり出せる。在庫も把握でき、二重買い予防に。

文房具はトレイを2段重ねに

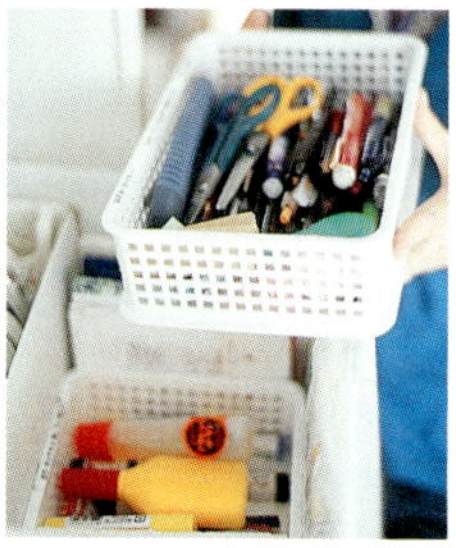

100円グッズのトレイを上下に重ねて収納。深さのあるケースも、むだなくスペース活用。

服を処分するとき、かわいい布地ははぎれにして保存。引き出せば、ひと目でわかるように。

リビング間取り図

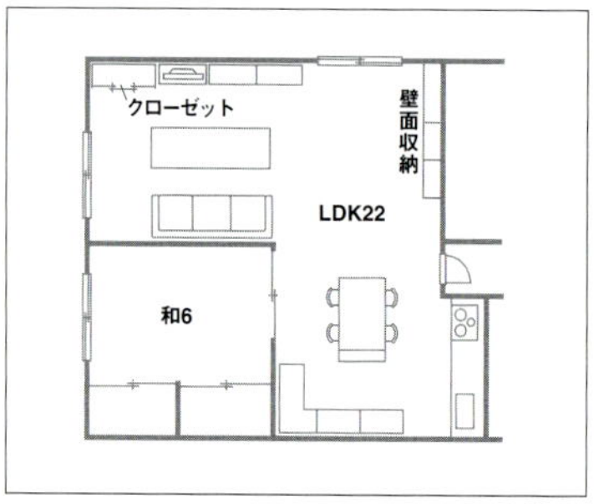

持ち家マンション
築25年
85㎡・3LDK

直哉さん（33才）、幹太くん（2才）と3人家族。

中古マンションを購入して1年間かけて、リフォームのプランから施工にとり組んだ。

「リビング」収納達人

山越さつきさん
33才・東京都

収納ワザ2

リビングで遊ぶから、おもちゃはリビングに。ふたつきのかごを使って、すっきり片づける

おもちゃはおおまかに分けて、ふたつきの籐かごに。遊ばないときは、おもちゃ入れとは気づかないほど整然としている。

おもちゃの数やサイズに合わせて、かごのサイズを選んで、テレビ横のかごにひとまとめ。「ふえすぎたら、はみ出た分を処分するというルールで、量をコントロールしています」

Living

リビング

同じかごやケースを使って すっきりと片づいた部屋に

こまごまおもちゃは 100均ファスナー袋を活用

ままごと道具、折り紙などは100円グッズのファスナー袋に。お出かけのときは、袋ごと持っていけばOK。

リビングで使うもののほとんどを、クローゼットやかごに収納。モノがあふれることなく、リビングは広々として快適。

リビングにあるクローゼット内は、日用品を分類した半透明ケースが、縦4個・横4個、全部で16個並んでいます。

「同じケースなら、重ねても並べてもすっきりと見えます」

そう話すとおり、山越さんはおもちゃ箱も同じかごを2つずつそろえ、左右対称に横並びに。おさまりがよく、整然とした印象です。

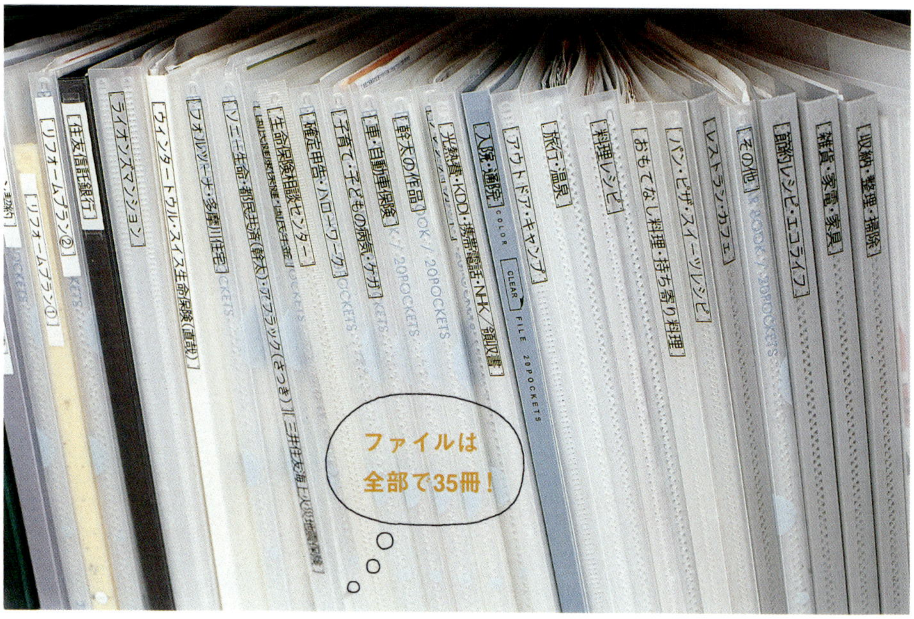

収納ワザ3

こまごまと散らかりがちな紙類は ラベルをはったファイルに分けて保管する

ファイルの数は全部で35冊。ゴチャつかないようファイルはできるだけ半透明なもので統一。背表紙に透明なテープに書いたラベルをはって、一目瞭然に。

リフォームプラン

1年かけて計画を練り、充実した内容に

中古マンションを昨年リフォームしたときの、資料の切り抜きや希望を描いた設計図、リフォーム時の写真などをひとまとめに。

子どもの作品

子どもの絵や折り紙を記念に保管

幹太くんが描いた絵や工作（折り紙など薄くて小さいもの）もファイルに入れて残しておく。あとでパラパラと見返すと楽しくて、いい記念に。

旅行・温泉

以前の旅の思い出や費用がひと目で判明

旅行のときのパンフなどは「旅行」ファイル、キャンプに行ったときの費用や持ち物リストなどは「キャンプ」ファイルに。次回の参考になる。

山越さん流 ファイリング3つのルール

STEP 1 雑誌はラックがいっぱいになったら整理する

マガジンラックからあふれたときが見直しどき。いらないものは処分し、必要なものだけ切り抜く。

STEP 2 ひとまず "一時置き場"に移動

いちいちファイルするのはめんどう。切り抜きや明細書など、ある程度まとまるまで、かごに仮置き。

STEP 3 内容ごとにファイルで分けて専用棚に保管

テーマに合ったファイルに振り分けたら、専用キャビネットに保管。とびらを閉めれば目につかない。

家電の棚以外のとびらを閉めると、こんなにすっきりとした印象に。ファイルや書籍など、色や形がふぞろいの雑多なものがじょうずに隠れて、部屋がさらに広く見える。

収納ワザ4

本、雑誌、CDはとびらで隠して収納。パソコン、コンポも壁面におさめてすっきり！

リフォーム時にこだわったのが、壁一面を使った造りつけ棚。床から天井まで一面収納スペースなので、本や雑誌から家電まですっぽりおさめることができた。

中古マンションを購入するとき、山越さんは引き渡し時間を利用して、リフォームプランを練りました。中でもこだわった部分は、リビングの壁面収納です。
「リビングとダイニングの仕切りをとってワンルームにしたら収納が少なくなったので、壁一面の収納スペースをもうけました」
床から天井まで使えて収納力が抜群なのに、壁面使いで省スペース。パソコン、本や書類などがすっぽりおさまり、大満足です。

House File :

かわいい日用品をじょうずに選び、使いながら、飾りながら収納する

Entrance

玄関

お客さまの目につく場所に小物をセンスよく並べて

くつ箱下のスペースにスリッパを収納

お客さま用のスリッパを、浅めのかごに。高さ20㎝ほどのくつ箱下のすき間に入れるとぴったり。かごごとサッと引き出せる。

玄関ホールには、味のある古いミシンが。これは札幌の雑貨店『cheer』で買ったもの。愛犬のミトンもお出迎え。

外遊び道具をバスケットに

派手な色のアウトドアチェアやなわ跳びは、かごにまとめて玄関先に。

収納ワザ1

絵になるものは見せながら こまごましたものは隠して

「Hunter」のブーツや布とアイアンのシンプルなスツールなどは、絵になるので外に出して。生活感のあるものは隠し、玄関をすっきり見せる。

玄関ドアを開けると、ホールに黒いミシンが飾られているのは、布作家の安井さんならでは。「ミシンはもう使えないけど、愛着があるから飾っています。飾るのは、基本的にふだん使いのもの。ハンターのブーツや木のほうきな

間取り図

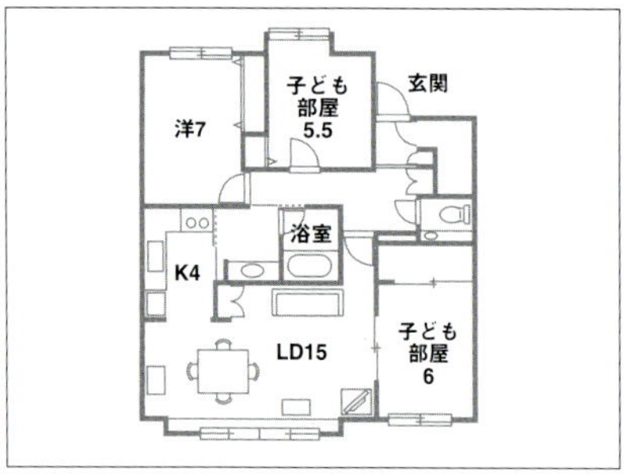

持ち家マンション
築4年
86㎡・3LDK

範夫さん(38才)、悠陽くん(11才)、瞳依ちゃん(5才)の4人家族。

布を使って、バッグ、洋服から愛犬ミトンのベッドまで、大人かわいい雑貨を手作り。

「玄関、LD、子ども部屋」
収納達人

安井陽子さん
36才・北海道

収納 ワザ2

家族共有のものは使いやすい場所に出しやすく、片づけやすく分類して

リビングは家族が集う場所だから、家族が共有して使うものもいちばん多い。「子どもたちが自分で出せて、ラクにしまえるよう心がけています」

小引き出しに文房具

家族全員が使うペンやのりは、白とベージュの木製の小物入れに整理整頓。中は市販の仕切り板で分類。

収納グッズも色みを抑え白とベージュでコーディネート

家族がくつろぐ場だから、やさしい色合いにしぼってシンプルな空間に。

ソファで使うものはすぐ手が届く位置に

スツール上のかごにリモコン、マルシェバッグにはひざかけを。みんながくつろぐソファ横に。

切り抜きはファイルして保管

キャビネット内には『無印良品』のファイルボックスが。雑誌の切り抜きをはさんだファイルを。

持ち運べるかごにリボンやレースを

小さなかごは、持ち運べる点も魅力。ボタンは空きびんに入れると中がよくわかる。

手芸小物を3段ケースに

『無印良品』で買った3段引き出し式ケースに、糸などの手芸小物を。仕切りつきなので分類がラク。

ど、かわいい道具ならポンと置いてもインテリアになじむから」

ダイニングは安井さんのワークスペース兼用ですが、ここもよく使うかわいい手芸小物を、棚や机の上に並べながら収納しています。

ただ、リビングは雑多な日用品が多いので、キャビネットや引き出し、かごにしまって目隠し。収納家具や引き出しやかごは、買うときに厳選したお気に入りのもの。家にある実用品が飾られ、隠されながら出番を待っています。

収納ワザ3 無機質、生活感が強い、色数が多いものは自然素材のかごや布で隠しながらしまう

パソコンや電源コード、色がバラバラな布ものは、人目につかないように隠す。インテリアになじみやすいかごや布を活用。

机と壁のすき間も小物収納に

ラックの上にはゲーム、下にはその充電器を。布のバッグや袋に入れ、出しやすく。

パソコンに布をかけて、存在感を消す

無機質な色のパソコンは目立つので、まわりの机や小物になじむような白い布で目隠し。

コードは布バッグの中にざっくりと

かさばるコードは、布バッグにつっ込むだけ。机の横につるせばすぐ使える。

ミシンの脚に板をのせて、パソコン机にリメイク。机のまわりにきれいな糸や編み棒が並ぶのは、安井さんならでは。

キャンドルの明かりでくつろぐコーナー

かごの上は裁縫ボックス。下のバスケットにはランチョンマットなどを。どちらもダイニングのテーブルでよく使うもの。

Dining

ダイニング

かわいい日用品は、使いながら飾る

ここは食卓でもあり、安井さんのワークデスクでもある。かわいい手芸小物や生活用品なら、しまっておくより、飾って見せてしまうのもコツ。

ネットで古道具店から買った、落ち着いた色合いの小引き出し。窓辺に置き、クロスステッチの図案や型紙など手芸用の紙ものを収納。

お気に入りを飾るだけで、ぬくもりが

棚に飾られているのは、ワイヤのケーキクーラー、穴あけパンチ、アンティークのはさみ。「どれもふだんよく使うものです」

木製家具や籐かごなどの自然素材に、布や小物で赤系のアクセントをきかせた瞳依ちゃんの部屋。「かわいくて大好き」と本人も大満足。

Children's room 子ども部屋

木や籐の天然素材に赤とピンクをきかせた女の子らしいスペース

収納ワザ4 子どもグッズはこまかく仕分けない。おおざっぱに入れて、しまいやすくする

子どもが片づけやすくするには、中のこまかい仕分けは不要。種類ごとにかごに分け、ポイポイ入れるのがいちばん。ゴチャつくなら、布をかければOK。

あまり遊ばないおもちゃは保管

ふたつきかごの中に、種類別にきんちゃくに入れて保管。「使うときは、袋ごとすぐ出せます」

こまごまおもちゃは布でカバー

おまけのおもちゃなどは散らかりがちなので、かごにごっそり入れ、赤いチェックの布で目隠し。

バケツには隠せて運べるものを

持ち手＆ふたつきは隠せて、そのまま運べるものがベスト。赤いバケツには、電車のおもちゃがいっぱい。

ぬいぐるみはオープンなかごに

よく遊ぶものは、ふたつきかごは必要なし。お気に入りの「ジャッキー」は、大きなかごのいちばん上に。

収納ワザ5

色みや形がかわいいものは、ディテールが生きるように、ディスプレイしながら収納

窓のそばにある机まわりが、お気に入りグッズのコーナー。窓から入る淡い光を利用して、よりかわいく見せる工夫も。

ビーズはガラスびんに入れて窓辺に

きれいな色のアイロンビーズは、ガラスびんの中でキャンディのよう。左の空きびんには、瞳依ちゃんのアクセサリーを。

手作りバッグも収納＆インテリアに

小さなバッグにはパズルや折り紙が。革の持ち手やリネンのクタッとした風合いが、古い勉強机ともよく合う。

思い出のレオタードはかけて飾る

クラシックバレエを習い始めたときの、かわいいレオタードをハンガーにかけてインテリアに。窓から入る光に透けて、きれい。

棚の高さが調節できるスチールラックが便利

悠陽くんの部屋は、強度のあるスチールラックを利用。棚の高さが変えられ、S字フックでつるして収納もできる。

フックは20㎝の端材に三角かんをつけ、ピンで壁につるしたもの。つるしてあるバッグも安井さんの手作り。

Children's room

子ども部屋

お兄ちゃんの部屋はシンプルさと機能性を重視

瞳依ちゃんの部屋は、リビングのすぐ隣。「部屋の戸を開けているから、ゴチャつくものはできるだけ隠したい」と安井さん。隠すために使ったのは布とかごです。おもちゃを種類ごとに分けたかごなら、ひとりで片づけられます。布はかごにかぶせたり、布で作ったバッグを収納に使ったり。

一方、悠陽くんの部屋で活躍しているのは、スチールラック。オープンだから「出しやすく」「しまいやすく」の機能性重視。一見、対照的な2人の部屋ですが、成長に合わせてアレンジして、使いやすくできる点は同じです。

子どもたちの身長や部屋の色に合う家具やおもちゃを手作りして楽しむ

House File : 05

収納ワザ

白をメインに赤いアクセントでトーンを統一。“飾る”と“隠す”を使い分けてすっきり

隠したいものは、ぴったりサイズの手作り家具の中に目隠し収納。色数も白と赤に抑えることで、まとまりのある空間に。

ランドセル

“帰ったらしまう”を習慣に

白い壁と棚は、入り口から見える2段ベッドを隠すために作った。ランドセルは、出し入れしやすい上段に。

教科書や本

かごや引き出しに入れて隠す

学校で使う教材や本は、中段のかごと下段の引き出しに立てて収納。カーテンを閉めればすっきり。

リモコン

飾って収納できる木の家が定位置

ペンキで赤と白に塗った、ままごと用の木の家。なくしがちなリモコンも、ここなら安心。

文具

持ち運びに便利なミニバケツが活躍

ミニバケツは色鉛筆や消しゴム入れに。絵を描くときは、机やリビングに持っていく。

子ども部屋間取り図

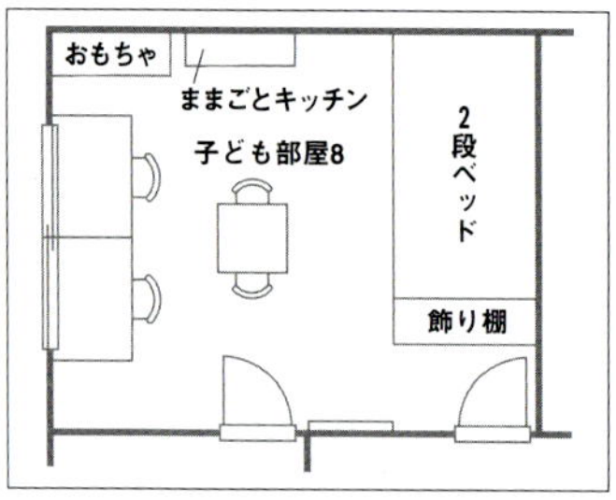

持ち家一戸建て
築6年
120㎡・3LDK

信之さん(33才)、雛ちゃん(8才)、鞠乃ちゃん(5才)の4人家族。

「自分好みの家にしたい」とテレビ台やキッチンカウンターなども手作りした。

「子ども部屋」収納達人

田端美苗さん
32才・兵庫県

絵本

手作りの本棚に飾って収納

手作りの棚は部屋のアクセントにしたくて、“アンティークローズ”という色にペイントした。

小物

ぴったりサイズのかごで分類

ティッシュやハンカチはかごに入れ、布で目隠し。アクセサリーは木のパウンドケーキ型にまとめて。

おもちゃ

同型ボックスにナンバリング

キャンバス地ボックスの1は紙類、2はポーチと分類。中をかごで仕切ってこまかいものを。

Children's room 子ども部屋

何より子どもの“好き”を優先したい

ままごとキッチンも、ホームセンターで材料を約3000円で購入して制作。「飾りをはずせば、ベンチにもなります」

バッグ

手作りフックにお気に入りだけを

残っていた端材とくぎで作ったフックは、バッグかけに。「子どもたちと私が兼用で使っています」

黒板、モビールなど手作りが子どもに大人気

黒板用の塗料で制作。チョークをこすり、わざとムラを出した力作。

家にあったボタンで作ったモビール。「光が当たるときれいです」

雛ちゃんと鞠乃ちゃんの部屋には、絵本の飾り棚、黒板、ままごとキッチンなど、田端さんの手作りがいっぱいです。「自分で作れば安いし、子どもに合ったサイズや部屋に合う色など思いどおりのものが手に入るから」と田端さん。何より子どもの〝好き〟を優先したいから、新しく作るときは必ず2人に相談します。「作業がめんどうでも、子どもたちが喜ぶ顔が見られるのがとてもうれしいです」

House File : 06

大人の空間にも違和感なくなじんで子どもとふれ合う時間も自然とふえた

Kid's space 子どもスペース

大人もくつろぐ一角、ソファと本棚、テーブルが子どもの遊び場

小物

ナチュラル素材のかごや木箱でインテリアの一部として収納

子どものおむつはふたつきかご、スキンケアグッズはワインの空き箱が保管場所。

ソファでよく本を読んでもらう史門くん。家族がくつろぐ場所は、史門くんにとっても楽しい遊び場。

おもちゃ

こまかいおもちゃはかごと布で隠す

かごに入れ、布をかけて収納すれば、床に置いてあっても雑多な印象を与えない。

"見せるおもちゃ"にはこだわりのあるものを

おもちゃは手ざわりや音がやさしい木製のものを。ヨーロッパ製は価格が高いので、ネットで中古品などを購入。

収納ワザ

かわいいおもちゃは"見せ"、こまごましたものは"隠す"

家族がくつろぐ場でもあるから、目につくものは隠したい。だけどかわいいものなら、あえて見せて楽しむ。

大人の空間になじむ木製家具を

子ども用のいすやテーブル、本棚も木を素材としたもの。大人の空間にもすんなりとなじむ。

「家事をしながらでも史門の様子がわかるように」と、篠笥さんはダイニング隣の6畳の部屋に子どもスペースをつくりました。ここは大人もくつろぐ場なので、自然に子どもとふれ合う時間がふえたそう。さらに自然素材の子どもグッズが、あたたかみのある空間をつくっています。

賃貸マンション
築6年
63㎡・3LDK

隆行さん(37才)、史門くん(2才)の3人家族。

木製おもちゃは輸入玩具店で史門くんがほしがったものを、ネットで安く購入するそう。

「子どもスペース」収納達人

篠《ささ》笥《き》ひとみさん
35才・東京都

House File : 07

築33年の和室をDIYでリフォーム。明るく開放的な“子どもたちの城”に

Children's room 子ども部屋

ドアはすべてとり払い、押入れさえも遊び場に！

ドアもふすまもすべてはずし、白い木材で囲いを作った。押入れははしごをかけて、2段ベッド風に！

絵本

手作りの“壁面本棚”で省スペース

「何もなかった壁に、木を組んで棚を作りました。ここには本やレコードを。大きな家具はふやしたくないので、手作りしました」

おもちゃ

ままごとキッチンの上を生かして収納

ままごとキッチンの上の空間を使って、おもちゃと本を飾る棚をつけた。この棚も壁面本棚もご主人の手作り。

子どもがまだ小さいので一部屋に3人の手作り机を配置。「机の前の壁はフリースペース。それぞれの好みが出ておもしろいですね」

「この部屋はもともと和室。明るい空間にしたくて思い切りました」と話す山口さんは、ドアやふすまをはずし、全体を白く塗り、床はカーペットを敷いて、すてきな子ども部屋をつくり上げました。

3人の子どもたちが広々と使えるよう、空きスペースの壁面を活用して手作り棚も。「子ども部屋を〝おうちごっこ〟感覚で、楽しく使ってくれたらうれしいですね」

「子ども部屋」収納達人

持ち家一戸建て
築33年　120㎡・4LDK

茂徳さん（46才）、真由ちゃん（10才）、創平くん（8才）、花ちゃん（6才）の5人家族。

8年前から暮らす、築33年になる平屋造りは、山口さんの生家。建て替えの予定も。

山口裕子さん　37才・山梨県

House File : 08

色画用紙で“目隠し”して衣装ケースのゴチャつきを整理

ケースが半透明なので、青い色画用紙を手前に入れて中身を目隠し。数字のケースは律くん、アルファベットはご主人のものを。中身はラベルで一目瞭然。

Bedroom closet ベッドルームクローゼット

ラベルに中身を書いてはれば ひと目でだれもがわかる

パソコンで“目隠し”役をひと工夫

文字はパソコンから打ち出し、拡大コピーする。それを色画用紙にはったという力作。ラベルはシールに文字をプリントしたもの。

子ども服はアイテムごと、立てて収納

服やパジャマなど、種類ごとにボックス分け。子ども服はケースの幅にたたみ、縦に入れると、さがすのがラク。

くつ下は空き箱に入れて仕切る

ご主人のくつ下や下着などこまかいものは、ティッシュの空き箱に。輪ゴムで仕切りをすれば、とり出しやすい。

半透明のクローゼットケースに黒田さんは色画用紙を手前に入れてすっきり見せます。「中が見えない分、ラベル表示すればすぐにわかります」ケースの中も空き箱で仕切ったり、立てて収納するなど、家族みんなが使いやすい収納ワザが満載です。

持ち家一戸建て
築6年
81㎡・3LDK

幸樹さん(36才)、律くん(2才)の3人家族。

寝室には黒田さんのクローゼットもあり、緑の色画用紙で同じように整理しているそう。

「クローゼット」収納達人

黒田良子さん
37才・京都府

House File : 09

かさばる子ども服やおもちゃも同じ白い布ボックスで整然とさせる

学校や幼稚園で描いた絵を保管

大事な思い出が詰まった布ボックスは、クローゼットのいちばん上の棚に。高い場所に置いても、取っ手があるからとり出しやすい。

子ども3人のオフシーズン衣類をコンパクトに

かさばる衣類はビニール製のケースに。これならほこりも安心。上だけ透明だから、中身の判別も。

おもちゃは1つのボックスに1種類ずつ

パズルなど、どれかひとつでもなくなると困るものを収納。子どもたちが出し入れするので、手が届きやすい衣装ケース上の2段にまとめて。

引っ越したときに『ニトリ』で買った、帆布の収納ボックス。サイズのバリエーションが豊富で、使わないときはたためるのも便利。

Kid's room closet 子ども部屋クローゼット

取っ手つきのボックスだから高い場所でも出し入れスムーズ

「クローゼット」収納達人

持ち家マンション
築5年　75㎡・3LDK

博さん(38才)、一眞くん(8才)、翼くん(5才)、光くん(2才)の5人家族。

クローゼット以外に、キッチンなどでも省スペース収納を工夫して楽しんでいる。

青木美穂さん　37才・東京都

3人の子どもたちのグッズが詰まったクローゼット内で、とても活躍しているのが白い布ボックス。青木さんはとり出しやすいよう、棚と棚にすき間ができるくらいのサイズのものをセレクト。「取っ手つきなので、子どもが出し入れするのも便利」布ボックスには張りがあるので、ボックスどうしの間にコンパクトに巻いたマットを入れて、収納の仕切りとしてもうまく活用しています。

キッチン仕事に欠かせないエプロン。つけるたびに楽しくなる、お気に入りを見つけて。

輸入食材容器のリサイクル収納10

外国製の食品容器は、デザインがとてもキュート！思わず再利用したくなるパッケージがいっぱい。キッチンで使うだけで楽しくなります。

チューブ調味料入れに

ガラスの
ジャムびん

ジャムびんのかわいいラベルははがさず、生かしたい。わさびやからしなど、冷蔵庫で迷子になりがちなチューブ類をまとめて入れて、居場所を確保。

カトラリー入れに

陶製の
マスタードびん

フランスのマスタードびんはじょうぶなうえ、汚れにくいからうれしい。味見をしたり料理をよそったり、使用頻度が高いスプーンやフォーク類入れに最適。

クッキー型入れに

木の
バターケース

ヨーロッパに多い、木製の器（写真はフランスの「エシレバター」250ｇ）。口が広いので、クッキー型もすっぽり。通気性がいいので、にんにくなどの保管にも。

ストロー入れに

プラスチックの
マシュマロケース

いかにもアメリカンなビッグサイズ（直径9×高さ14㎝）。軽いので持ち運びもラク。ストローや竹串など長いものを入れて、パーティー時にはテーブルへ。

スポンジ＆たわし入れに

プラスチックの
チーズケース

女の子のイラストがかわいい、フランス製のモッツァレラチーズの容器。プラスチックなので、スポンジやたわし置き場に。底に穴をあければ、水はけもOK。

ミニ調味料入れに

プラスチックの
バターケース

ふたつきで浅めの容器は、余った納豆のたれやからし、お弁当用調味料など、小さいものを保存するのにちょうどいい。使用前によく洗って、脂分をとって。

輪ゴム入れに

ミニミント缶

「DEAN＆DELUCA」のオリジナル・ミント缶。食材の袋を閉じたり、キッチンでなにかと重宝する輪ゴムを入れて。浅い缶だから、とり出しやすい。

調理道具入れに

ガラスの
ピクルスびん

特大（1.83ℓ）のドイツ製ピクルスびんは、日本ではなかなか見かけないサイズ。重量感も高さもあるので、お玉や泡立て器などを入れても倒れない。

ラップ入れに

紙の
ココアボックス

ココアミックス75袋入りの大容量ボックスなので、ラップやペーパー類を入れるのにぴったり。ビッグサイズの箱なら立てて収納でき、一気にすっきり。

ペーパー入れに

クッキー缶

マットな赤は、キッチンのアクセントになるはず。正方形のテーブルナプキンを入れたらぴったり。ふたつきで、ほこりをかぶらないのもうれしいところ。

Kitchen キッチン

場所別・収納アイディア

「キッチンを使いやすくしたい」「リビングをすっきりさせたい」と場所やモノで困っているときに役立つ、収納のアイディア集です。

空きびんを再利用。ラベルで一目瞭然

乾物や調味料は、ジャムの空きびんにストック。ふたにラベルをはれば、引き出しの中からすぐとり出せる。（川瀬薫さん）

よく使う調味料は上段に出して収納

キッチンワゴンの上段には、よく使う調味料を。下段は「IKEA」の容器を並べ、ストック用調味料や乾物を収納。（広沢京子さん）

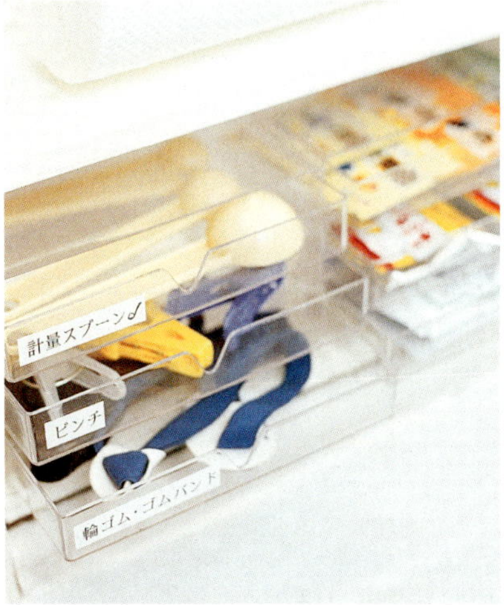

こまごましたものは透明の書類ケースに

計量スプーン、ピンチ、小袋のふりかけなど、しまい込むとめんどうなものは、100均の透明ケースに入れて分類。（川瀬薫さん）

クロスとエプロンは細長いかごに立てる

ワイヤかごにクロスとエプロンを。かごのサイズに合わせて立てて入れれば、サッととり出せて、見た目もきれい。（広沢京子さん）

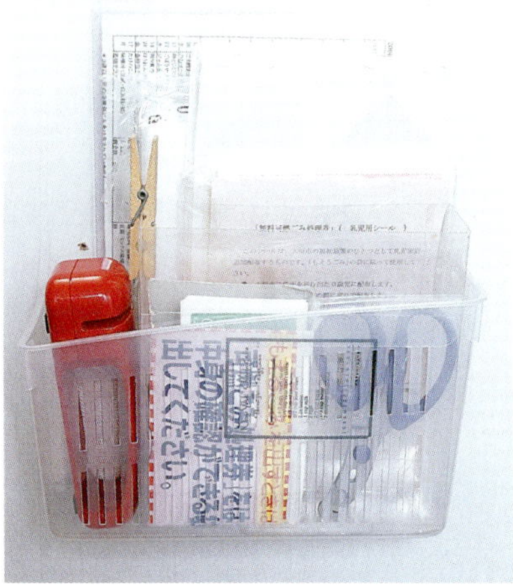

とびら裏のスペースもむだなく空間利用

シンク下のとびら裏に100円グッズの透明な書類ケースをとりつけ、ごみ袋やごみ処理用のはさみなどをコンパクトに。（澤めぐみさん）

中が見えるから食品の使い忘れ防止に

よく使う乾物類や、しまうと忘れる食品をかごに入れて冷蔵庫横に。「かごなら中が見えるし、軽いところもいい」（広沢京子さん）

楽しいパッケージはピンチにぶら下げる

「カレルチャペック」の紅茶は絵がかわいいので、袋ごとピンチにぶら下げて。コースターなどお茶グッズもいっしょに。(広瀬真弓さん)

ガラスに文字を書き、ゴチャつきをカバー

食器棚のガラスに、水性ペンでかわいい文字を書くと、食器のゴチャつきも弱まる。文字は除光液で簡単に消せる。(小野ひとみさん)

ラック下のすき間はストック収納庫

ワインの木箱に取っ手をつけ、底に「カグスベール」をはって引き出しやすく。中にはストック食品などを収納。(白田加奈子さん)

ようじはジャムのかわいい空きびんに

ようじを見えるところに置くのはちょっと抵抗があるけど、「ボンヌ・ママン」のかわいいびんに入れ替えればOK。(川瀬薫さん)

書類ケースで仕切り、調理道具もスムーズ

フライパンは書類ケースに、なべのふたは突っ張り棒に立てて収納。これなら片手でサッと出し入れができてラク。(杉本伊織さん)

書類はホルダーに入れ、テーマ別分類

明細書や雑誌の切り抜きなどを種類別にA4ホルダーに保存。決済した書類などはすぐに処分し、ため込まない。（宮澤陽子さん）

水玉の紙製トランクがわが家の救急箱

トランク（大）は箱に入った薬、（小）はチューブの薬や体温計などこまかい救急グッズを。「持ち手つきで便利」（中川磨紀さん）

テレビ台のすき間にDVDを収納

DVDは木箱に入れて、テレビ台下に。よく使うから出しやすく、だけどふだんは目につかない場所に置くのが◎。（許村直美さん）

捨てる候補のものを1カ所にまとめる

チェストの1段分を、古い雑誌など「捨てどきを見きわめている」もののスペースに。たまったら中身を整理する。（松浦順子さん）

リモコン入れを手作りして、ソファ横に

テレビやDVDのリモコン2つと新聞をしまう布ケースを手作り。ソファのひじにかけられ、すわりながら手が届く。（中川磨紀さん）

子どもの作品はボードにコラージュ

子どもが描いた絵は写真や切手とともにボードにはる。「小さい絵はバラバラに飾らず、コラージュして作品に」（浜野由美さん）

Entrance 玄関

くつの写真をはればひと目でわかる

写真のほか、冬物は赤、夏物は青とシールで分類。緑のシールはあまりはかないものということで、処分の対象に。(澁川真希さん)

子どもぐつは突っ張り棒で空間2段活用

子どもぐつは小さいのに場所をとるもの。大人のくつの上に突っ張り棒を2本渡して並べて、スペースを有効利用。(澁川真希さん)

外遊びグッズはかごごと持ち運びも

持ち手つきなら、お出かけのときそのまま持ち出すことも。色や形のゴチャつき隠しに布をかぶせる。(銀川理恵子さん)

お客さまから見えない死角を利用

くつ箱の側面（とびら裏でも）に、シールタイプのタオルバーをつけ、S字フックで折りたたみ傘をつるす。(銀川理恵子さん)

ショッピングカートをスリッパ入れに

家族用とお客さま用のスリッパをまとめて。ふたを閉めれば中が見えないし、キャスターで動かせるから掃除もラク。(許村直美さん)

コの字ラックで棚を部分的に2段使い

棚が動かせないときは、コの字ラックで2段式に。くつのサイズや数に合わせて、棚の中を有効に使えるのがいい。(澤井奈緒さん)

Bedroom 寝室

ベッド下のデッドスペースに木箱収納

ワインの木箱をベッド下に入れ、写真や重さのある辞書などを。引き出しやすいように詰め込みすぎないで。（黒田良子さん）

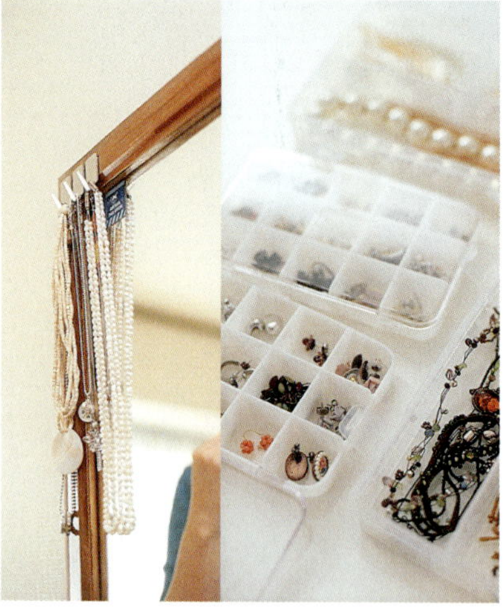

鏡にフックをつけてネックレスをつるす

姿見で服のチェックをしつつ、合うネックレスをセレクト。ほかのアクセサリーは100均プラケースに小分けして。（山越さつきさん）

プチアクセサリーはビーズケースに

ピアスなどを1種類ずつビーズケースに保管。ガラス製のふただから見つけやすいし、旅行のときはケースごと携帯も。（杉本伊織さん）

クローゼットの中にベルト収納スペース

側板にトレリス風の壁かけハンガーをつけて、巻いたベルトをひっかけて省スペース。出すのもしまうのも簡単。（衛藤ひとみさん）

マタニティ用品はスーツケースに待機

かさばるマタニティ用品はスーツケースに。「どちらも今は使わないもの。ひとまとめにすれば省スペースに」（山越さつきさん）

クローゼットのパイプは前後2列に

洋服をつるす備えつけパイプの手前に、もう1本パイプを設置。今着るものは手前に、オフシーズンものは奥に。（山越さつきさん）

3章

100円グッズ＆カラーボックスのリメイク収納

家にある100円グッズやカラーボックスを
リメイクすれば、かわいい収納アイテムを
だれでも簡単に作ることができます。
収納するものやスペースに合わせたサイズで、
インテリアの一部になるオリジナル品です。

Part 1

手作り作家・Whokoさん&細川夏子さんが提案

100円グッズで作る収納アイテム

ますますシンプルなデザインになっている、人気の100円グッズ。手作りの素材に使って、Whokoさんと細川夏子さんが簡単に作れる「収納アイテム」を提案してくれました。

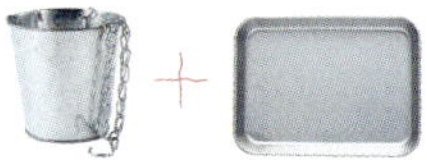

ホーロー風小物ケース

ブリキのケースに色を塗るだけでかわいい小物入れに！

材料

100均ミニバケツ(直径10×高さ10cm)
100均バット(14×19cm)
100均ラッカースプレー
100均アクリル絵の具

作り方 細川さん制作

1. バケツは持ち手のくさりをはずす。
2. バットとバケツにそれぞれラッカーをスプレーする(ラッカーは換気のよいところで扱うように注意して)。
3. 乾いたら、ふちをアクリル絵の具で塗る。

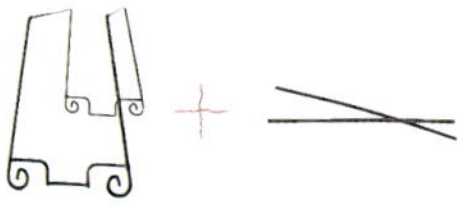

かごラック

エスニック風の鉢スタンドとかごを組み合わせて収納家具に。寝具やタオルを入れて。

材料

100均鉢スタンド
100均ビニールカバーつきワイヤ
100均白ペンキ
かご

作り方 Whokoさん制作

1. 鉢スタンドを白くペイントし、乾かす。
2. かごを裏返して1をのせ、角の4カ所をビニールカバーつきワイヤで固定する。

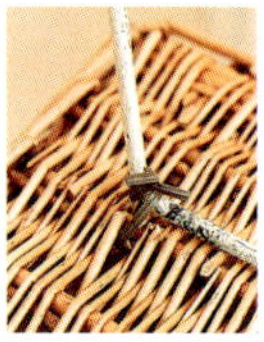

ビニールカバーつきワイヤをかごの網目をぬうように通してから、鉢スタンドに固定する。

制作

細川夏子さん
兵庫県神戸市出身。OLを経て、手作り作家&イラストレーターに。手芸雑誌を中心に女性誌や主婦雑誌でも活躍。

Whoko(フーコ)さん
HP「100materials」で100円グッズを使った手作りを紹介。数々の雑誌で活躍。http://homepage2.nifty.com/whoko/

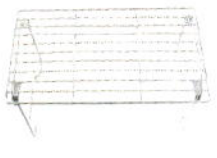

ワイヤ・オープンラック

ワイヤラックを連結して天板をのせれば、シンプルな収納棚が完成。

材料

100均ワイヤラック×4
天板(23×36㎝)
セロハンテープ

作り方 Whokoさん制作

1. ワイヤラックを縦に連結して4つ重ね、上に天板をのせる。
2. 連結部分をセロハンテープで固定する。

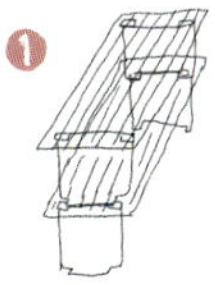

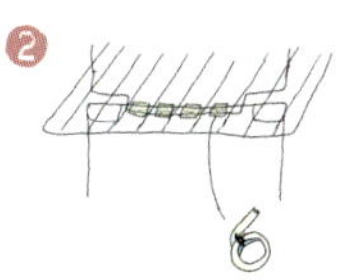

天板に両面テープなどでタイルをはると、かわいく仕上がる。壁につけて使うと安定する。

持ち手つきスクエアかご

清潔感があってじょうぶなので
洗剤などの掃除グッズや化粧品入れにもおすすめ。

材料

100均焼き網(20×20㎝) 5枚
100均アルミワイヤ(直径0.3㎜以下)
100均ビニールカバーつきワイヤ

作り方 Whokoさん制作

1. 焼き網5枚で箱を作り、接した8辺の網目をアルミワイヤで固定する。
2. ビニールカバーつきワイヤを50㎝(A)、27㎝(B)の2本に切る。
3. Bの両端を3㎝ずつ残してAをグルグル巻きつける。端を巻きつけるように1につけて完成。

ワイヤはやわらかいので、作業は簡単。端はかごの網目に通して、巻きつけるだけでOK。

ワイヤ3段ラック

焼き網を曲げて、リングでつなぐだけ。
シンプルなので、使う場所を選びません。

材料

100均焼き網(20×20㎝) 3枚
100均麻ひも
100均リング

作り方 細川さん制作

1. 机の角を使って焼き網を好みの形に折る。下にタオルを敷いて折ると、机が傷つかない。
2. リングで3枚の網をつなぎ、麻ひもでつるす。

カトラリーかごケース

**好みのランチョンマットを使って
ササッと作れるカトラリーケース。**

材料

100均ランチョンマット
100均かご(直径6cm)
100均麻ひも
ボンド

作り方　細川さん制作

1. かごの口の大きさに合わせて、ランチョンマットを図のように縫う。
2. ランチョンマットをかごの内側にボンドではりつける。
3. 袋口に麻ひもを通し、先端を結ぶ。

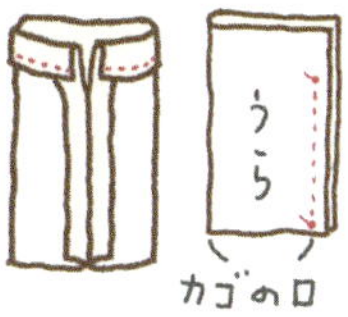

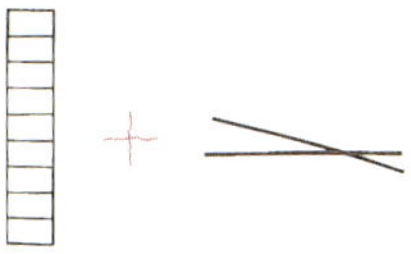

ミニパーティション

**花びんを下げたり、ストールをかけたりと
飾りながら収納できるパーティション。**

材料

100均トレリス(木製・伸縮式) 2枚
100均ビニールカバーつきワイヤ
ボンド

作り方　Whokoさん制作

1. トレリス2枚をのこぎりでそれぞれ半分に切り、4枚にする。そのうちの1枚から、ペンチで横棒3本をはずす。
2. 3枚のトレリスの下部に、はずした横棒が対角線になるようにボンドで固定し、伸縮を防ぐ。
3. ビニールカバーつきワイヤで10カ所を連結して完成。

トレリスを連結するときは、板を合わせてビニールカバーつきワイヤを二重に巻く。板は薄いので壁に沿わせて使い、重いものは控える。

小物収納ボックス

ひざかけや雑誌を入れて、ポンと置くだけで
部屋のアクセントに。

材料

100均多目的マット(46×60㎝) 2色×2枚
ボタン2色×4個
ボンド、縫い糸

作り方 Whokoさん制作

1. 多目的マット1枚を縦半分に切り、それを横半分に切って4等分する(これが側面になる)。もう1枚のマットを切って、底部分と持ち手を作る。
2. 底部分ののりしろ(約1㎝)4カ所にボンドをつけ、側面をはりつける。側面同士も内側からはり合わせて洗濯バサミで固定し、乾くまで待つ(ボンドではなく、ミシンで縫ってもよい)。
3. 持ち手とボタンを縫いつけて完成。

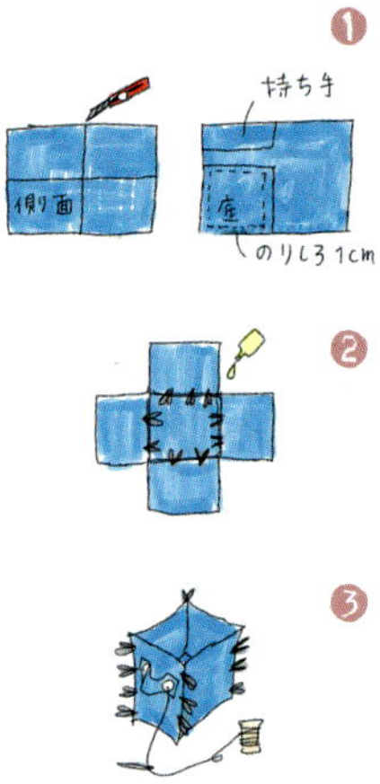

カトラリー&ペンケース

空きびんに多目的マットをぐるりと巻いただけ。
おもてなしのときにも活躍しそう。

材料

100均多目的マット(46×60㎝) 2色×2枚
ガラスの空きびん(直径5×高さ12㎝)
両面テープ
ホチキス

作り方 Whokoさん制作

1. 多目的マットを12×19㎝の長方形に切る。ガラスびんに巻き、両面テープでとめる。
2. 違う色のマットを直径24㎝の半円形に切る。円錐状に丸め、重なったところを裏側からホチキスでとめ(2〜3カ所)、ふたを作る。

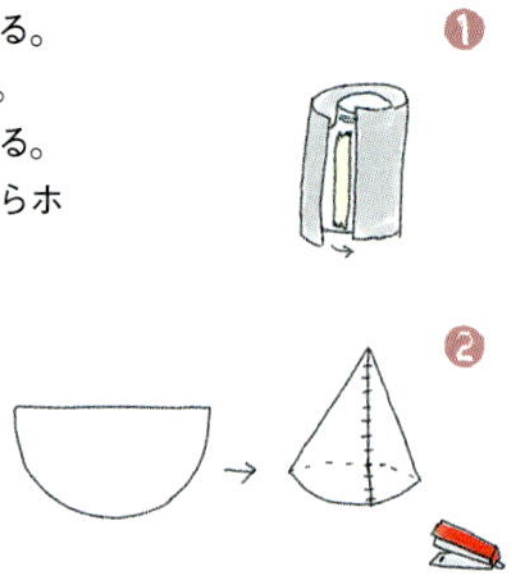

おもちゃスクエアボックス

ぬいぐるみや絵本などをしまえて
ふたの上でお絵かきもできるすぐれもの。

材料

100均多目的マット(46×60cm) 4枚
段ボールA(38×30cm、側面用) 4枚
段ボールB(30×30cm、底面用) 1枚
段ボールC(31×31cm、ふた用) 1枚
粘着テープ、両面テープ、ボンド、先割れピン

作り方 Whokoさん制作

1. 段ボールAとBで箱を作り、粘着テープで固定する。多目的マットを段ボールAと同サイズに4枚切り、箱の側面に両面テープではる(底面にはマット不要)。
2. マットを45×45cmに切って図のように切り込みを入れ、ボンドでとめてふたを作る。裏に段ボールCを両面テープではる。
3. 残りのマットで持ち手を作る。箱と持ち手にキリで穴をあけ、先割れピンをつけてとめれば完成。

段ボール2枚(対角線の長さに切り、高さの半分に切り込みを入れて組み合わせる)を入れる。

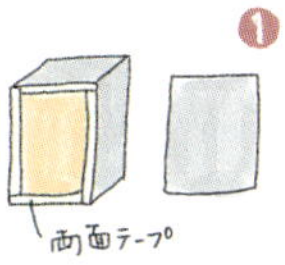

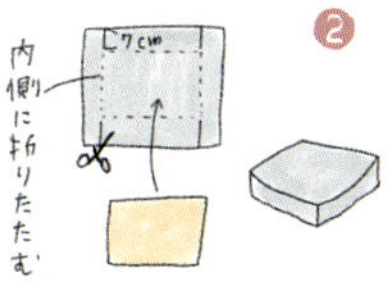

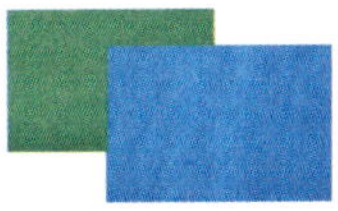

おもちゃラウンドボックス

散らかりがちなおもちゃを収納できる
キュートなボックスのでき上がり。

材料

100均多目的マット(46×60cm) 青・緑各1枚
ボンド

作り方 細川さん制作

1. 青の多目的マットを縦30cmのところで切り離す。緑の多目的マットは星や月など、好みの形に切り抜く。
2. 青のマットに緑のマットを切ったものをボンドではりつける。乾いたらマットをくるりと丸め、ボンドではって筒状にする。
3. 底の大きさ+のりしろ分を1cmとってマットを丸く切り、のりしろ部分に1cm間隔で切り込みを入れる。ボンドで底をはりつける。

Part 2

人気の「ままごとキッチン」作り方つき
カラーボックスのリメイク収納

カラーボックスのいいところは、成長に合わせて組み合わせを変えながら、収納スペースを自在にレイアウトできるところ。特に子ども部屋には最適。アレンジを楽しんでみませんか。

Remake 01

子ども部屋の壁面収納

3段のカラーボックスと天板で壁にミニクローゼットを

じょうぶな籐かごにはおむつを

ホームセンターの『ニトリ』で買った、骨組みのしっかりとした四角い籐かごに、おむつやおしりふきをまとめて入れた。

引き出しに衣類をまとめて

市販のキャンバス地の引き出しを3つ購入し、上から、肌着、上着、ズボンに分けて入れた。下段の奥にはサイズの大きなこれから着る服を。

手の届く2段めは絵本の収納

絵本も自分で出せるよ

汐李ちゃんがひとりでもとり出せるように、カラボの2段めに好きな絵本をまとめて入れた。「しまじろう」のファン。

突っ張り棒にワンピースを

100均の突っ張り棒を渡してハンガーをかけ、ワンピースなどかわいい衣類を飾りながら収納。

北田美紀さん
31才・北海道

伸也さん(31才)、汐李ちゃん(1才)の3人家族。

「カラーボックスがあれば、子ども用の家具を買わなくても、使いまわしがきくところが好きです」

やさしい色調のカラボや天板を使って子どもスペースを落ち着いたコーナーに

「子どもアイテムは原色が多いので、カラボはやさしい色合いのものを選びました」と北田さん。使うものだけを厳選して、ほどよい量なので、出し入れもスムーズ。右上の白い手作り棚は、これからはく予定のくつや小物を飾っている。

Remake 02

FAX台とベンチ式おもちゃ箱

3段のカラボを切ったら、2つの家具に変身！

中には大好きなおもちゃがいっぱい

カラーボックスの2段め・3段めを活用

下2段は側面に脚を兼ねた板4枚、天板、とびらをつけてFAX台に。カラボとは思えない仕上がり。

カラーボックスの1段めを活用

3段のカラボの1段めを切り、すのこの底板とふたをつけておもちゃ箱に。閉めるとベンチになる。

浩昭さん(44才)、拓哉くん(8才)、琴音ちゃん(4才)の4人家族。

DIYが得意なので、家には手作り家具がいっぱい。カラボものこぎりでカットして板を組み合わせ、家具2つに作りかえた。

国丸和美さん
36才・福岡県

Remake 03

天板つき何でも収納庫

引き出しとカーテンを使って隠す収納に

カーテンを閉めると

カラボを2つ並べた上に、オイルステインを塗った天板をのせた棚。上段にはぴったり入ったランドセルと教材を入れ、カーテンで目隠し。

整理整頓が苦手だったみなもちゃんも、カラボ棚で片づけじょうずに。下段は半透明の引き出しを入れ、ほうり込むだけの簡単収納に。

英人さん(40才)、柚樹くん(9才)、みなもちゃん(7才)の4人家族。

DIYが得意で家具や雑貨を手作りしている小澤さんは、カラボもアレンジ。板を組み合わせて子ども用机と収納棚を作った。

小澤かおりさん
36才・宮城県

Remake 04

おもちゃ収納棚＆デスク

置き方や棚板の位置を変えて使いやすく

縦置きのカラボ3台、横置きのカラボ1台をL字型に置き、その内側をプレイスペースに。おもちゃは子どもの目線や遊ぶ頻度を考えて配置。「かわいいおもちゃは見せる収納に」

バラつくおもちゃは引き出しに

陽菜ちゃんが使いやすい下段には引き出しをつけ、ままごと道具を収納。

横置きなら子ども用机にぴったり

横置きにして机がわりに使用。左には絵本、右はとびらをつけておもちゃ入れに。「いすを使わないときは、真ん中の段に収納できます」

道雄さん（31才）、陽菜ちゃん（2才）、菜緒ちゃん（3カ月）の4人家族。

棚板を好みの高さに動かしてカスタマイズできる『ニトリ』のオリジナルカラーボックスがお気に入り。

福島恵理さん
31才・神奈川県

Remake 05

ままごとキッチン

2段のカラーボックスを生かした「ままごとキッチン」の決定版

コンロは2口、調理スペースも

調理する姿も本格的

コンロ下には食器をかご収納

教えてくれた人

「Forest (有)アーストレーディング」所属。長野県安曇野市穂高有明7357-1 ☎ 0263-83-5929 http://store.shopping.yahoo.co.jp/forest

岩城剛樹さん

挑戦した人

嗣政さん(31才)と菜々子ちゃん(5才)、ちひろちゃん(3才)の4人家族。

パラグライダーを通して知り合い、結婚。8年前にセルフビルドでログハウスを建てた。かご編み、棚など手作りも好き。

藤塚朋子さん
36才・長野県

材料

全部で2500円

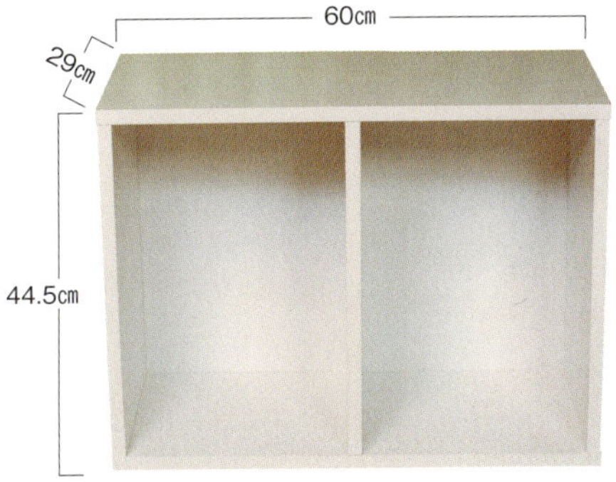

カラーボックス(2段)

ベーシックな白いタイプが使いやすい

カラボ用
クラフトボックス

カラーボックスに合ったサイズを使用して。

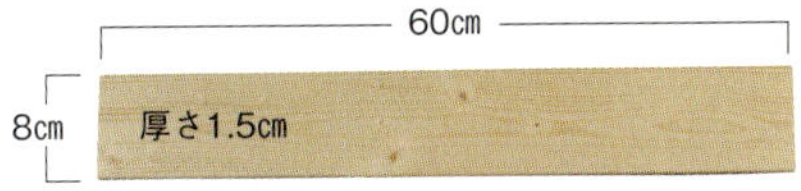

SPF材(棚板用)

針葉樹を製材した材

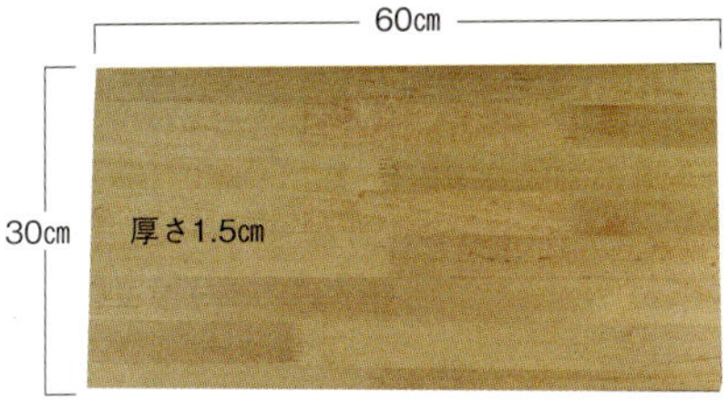

ファルカタ材
(キッチン台用)

やわらかい素材なので穴があけやすい。

SPF材
(コンロ台用)

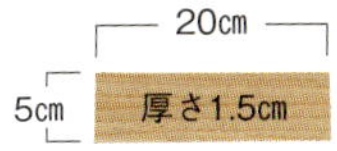

パイン集成材
(蛇口台用)

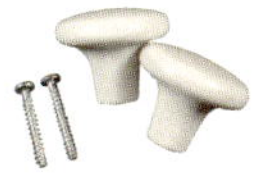

プラスチックの
取っ手・ボタン型×2

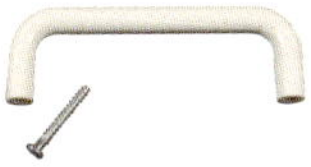

プラスチックの
取っ手・U字型

サラねじ×11

Check!

ねじはサラねじを
使用すること

頭の部分がふくらんでいる「ナべねじ」は、仕上げたあとねじ部分を隠しにくいので、平らな「サラねじ」を。

100均グッズ

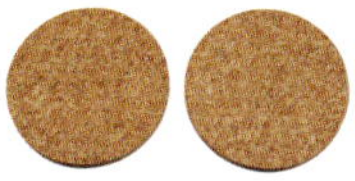

コルクコースター×2

ステンレスボウル
(内径18cm)

木の車輪のおもちゃ

コンロのつまみに。

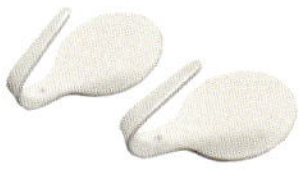

フック
(両面テープつき)

突っ張り棒

ランチョンマット
(45×30cm)

木工用ボンド

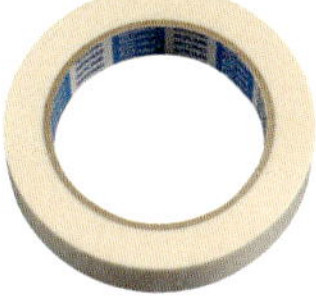

両面テープ

水性ペンキ

Check!

水性ペンキの
安全表示は要確認!

「F☆☆☆☆」は有害物質ホルムアルデヒドが基準値以下でいちばん少ない等級の製品という表示。

道具

カッター

ドライバー

8mm径の
キリ

手動ドリル

あると便利!

電動ドリル

キリで穴をあけるのがめんどうなとき、便利。

ひき回しのこぎり

円形に引きやすい刃がついているのこぎり。板に穴をあけるときに。

のこぎり

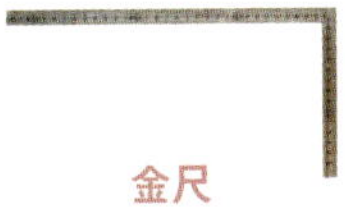

金尺

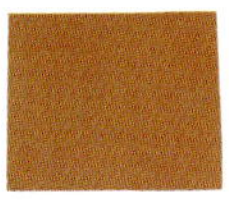

紙やすり
(180番)

はけ
(幅60~80mm)

「ままごとキッチン」の作り方

1 キッチンの土台を組み立てる

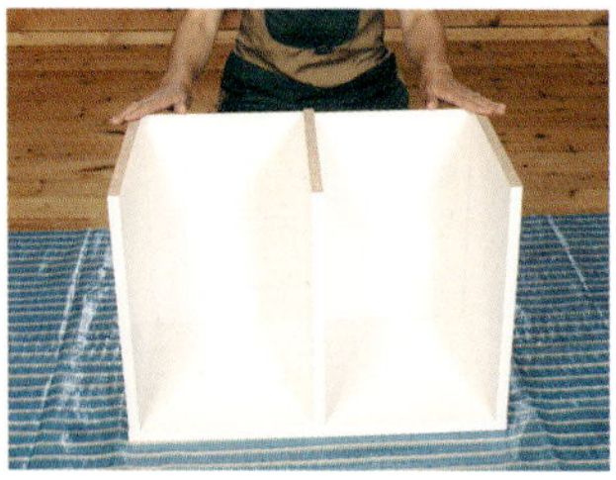

1. 天板を残し カラボを組み立てる

カラーボックスを説明書に添って組み立てる。そのとき、天板は組み立てず、残しておく。

2. カラボの背面板を 切り落とす

2枚の背板をはずし、短いほうの1辺の上から3mmのところに線を引く。金尺をあててカッターで切り込みを入れてから切り落とし、もとに戻す。

3. カラボを裏返し、 残した天板をのせる

カラーボックスを裏返し、天板がない側から6cmのところに線を引く。残した天板をキッチンの背板にし、線に合わせて天板のはしを置く。

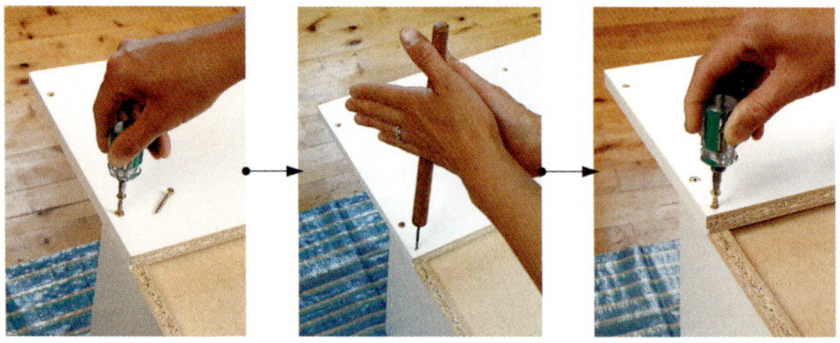

4. 6カ所をねじで固定する

天板にもともとあいている3カ所の穴を付属のねじで固定する。次に補強のため、ネジでとめた場所の下3cmほどにキリで穴をあけ、サラねじで固定する。

2 コンロ台を作る

1. 板にペンキを塗る

下に紙を敷いて、左右27cmの板に紙やすりをかけ、ささくれなどをなめらかにする。ペンキを塗り、2時間ほど乾かす。

2. 板に穴をあける

ペンキが乾いたら、穴あけ用に27cmの辺を3分割（9cmずつ）して印をつける。印をつけた2カ所の板の中央部分（上辺から4cmほど）にドリルで穴をあける。

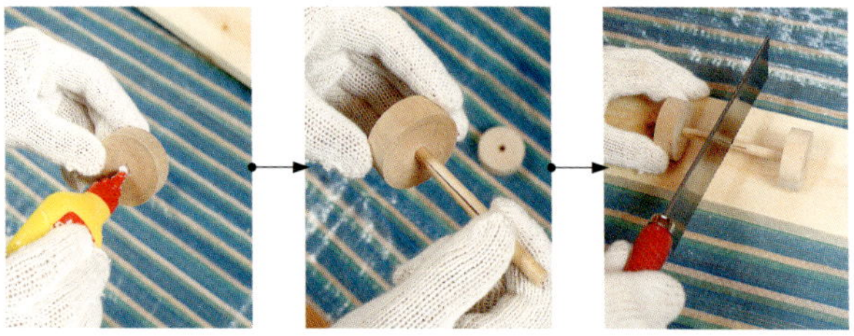

3. 車輪をつなぎ、2つに切る

木の車輪のおもちゃの中心部分に木工用ボンドを注入し、柄の長い軸を車輪の穴に差し込む。反対側にも同様に車輪をつけたら、軸の真ん中で2つに切る。

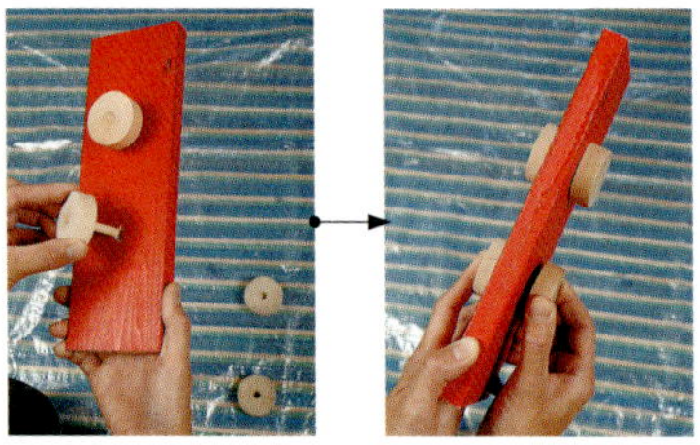

4. 板に車輪をつける

半分にした車輪と軸を板の穴に差し込み、反対側に出た軸に残りの車輪をとりつける。このとき、反対側の車輪にあらかじめ木工用ボンドを注入しておくとよい。

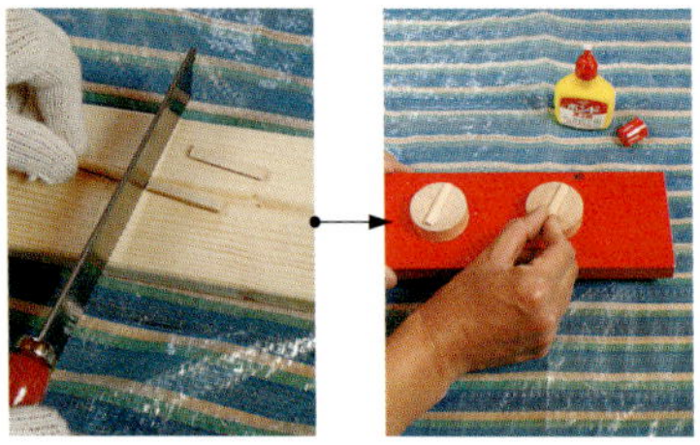

5. つまみをつける

残りの軸を半分に切ると、切り込みが入っているため4つに分かれる。このうち2つを木工用ボンドで車輪にとりつけ、コンロのつまみにする。

⑤ 蛇口台とカーテンを作る

1. 板に穴をあけ取っ手をつける

蛇口台板の左右6cmと中心点に印をつけ、その3カ所にドリルで浅く穴をあけ、キリで貫通させる。板を裏返し、中央にU字型の取っ手、両側にボタン型取っ手を、裏から付属のねじで固定する。

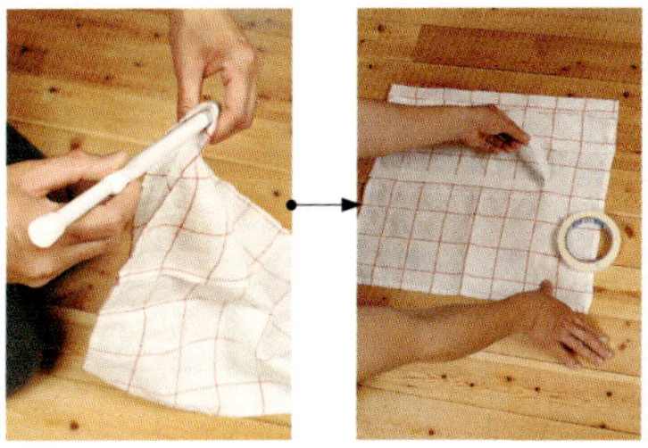

2. 布と両面テープでカーテンを作る

コンロ台下にランチョンマットをあて、ちょうどいいサイズになる目安をつける。突っ張り棒が入るくらいの位置に両面テープをはり、袋状にして突っ張り棒を入れる。押し込むようにして幅を調整し、ギャザーを寄せる。

3. クラフトボックスの背面を切り、折る

クラフトボックスを作り、後ろの部分をステンレスボウルのシンクにつかえないように折り曲げる。キッチン台の円形の穴にステンレスボウルをセットし、クラフトボックスを入れる。

でき上がり！

コースターにペンキを塗って乾かし、コンロ台にボンドではる。コンロ奥の棚板の下にフックをつけて完成。

③ キッチン台板に穴をあける

1. 板に印をつける

手前5cm、右6cm、奥7cmの位置に、直径18cmの紙皿などで円を描く。ここに入るステンレスボウルの内径が18cm。

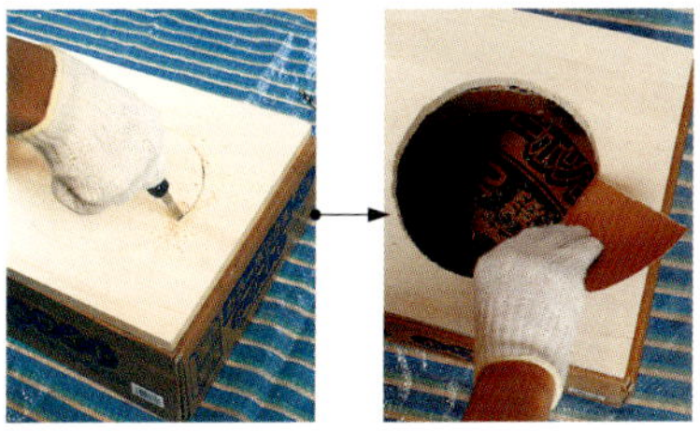

2. 板に穴をあける

カラーボックスが入っていた段ボールを下に敷き、キリで穴をあけてひき回しのこぎりを差し込み、円に沿って段ボールごと切る。刃を垂直に立てて切る。

④ コンロ台、キッチン台、棚板をつける

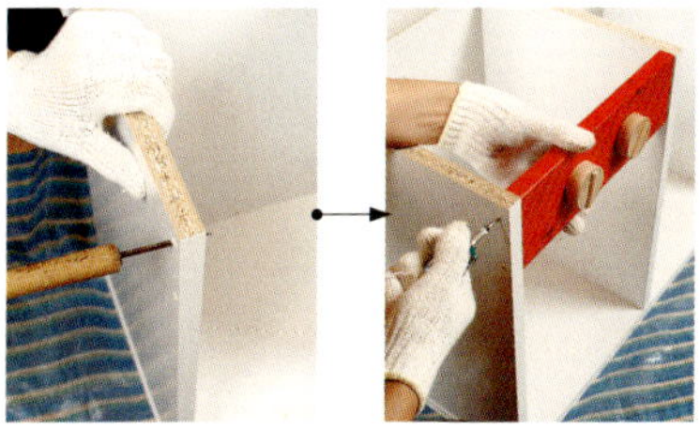

1. キッチンの土台にコンロ台をつける

カラーボックスの左側面の上から2cmと4cmの場所に穴をあけ、反対側（カラーボックスの真ん中の板）も同様にあける。穴があいたら、コンロ台の板をサラねじで4カ所固定する。

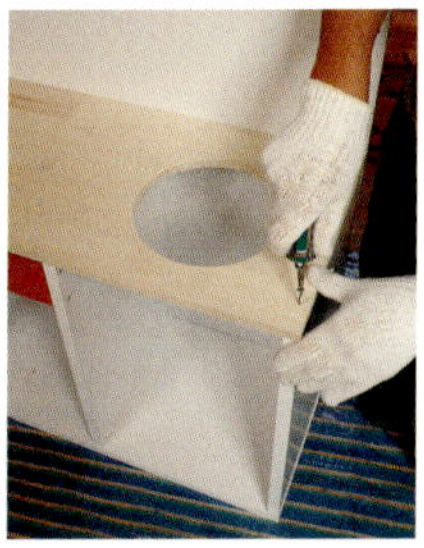

2. キッチン台をつける

キッチン台板の四隅から4cmずつのところに、キリで下穴を4つあける（このとき下まで貫通させると、カラーボックスが割れてしまうので注意）。下穴にサラねじを入れて4カ所とめ、キッチン台板を固定。

3. 棚板をつける

背板にもともとあいているカラーボックスの穴を利用して棚板をつける。付属のねじで3カ所とめ、棚板を固定する。最初に両端を軽くとめてから、しっかりねじを締める。

Remake 06

ままごとキッチン&ワードローブ

おもちゃの片づけが自分でできるように

かわいいおもちゃ

くりぬいた板に内側からアクリル板をつけ、オーブンのとびらに。

絵本を収納

カラボの内寸マイナス5mmに切ったとびらをつけて、隠す収納に。

こまかいおもちゃ

深さがあるのでサイズや形違いのおもちゃをポンポン入れてもOK。

お出かけ用品を

ワードローブ下の引き出しには帽子やバッグを。

木材とカラボは3点どめできる金具で接続。上部分の木材は軽いものを。

蛇口やコンロのつまみはネットショップ『ウッディーハンド』で購入。

秀徳さん(30才)、優子ちゃん(2才)の3人家族。

一から作ると手間がかかるままごとキッチンも、カラボを使えば簡単。ホームセンターで板を買ってカットしてもらい、とりつけるだけ。

小栗啓子さん
31才・愛知県

Remake 07

レジカウンター＆おもちゃ収納庫

ペイントや手書き文字でかわいくリメイク

レジカウンターにしたカラボと市販のままごとキッチンをL字型に置いた“Koharu's café”。カラボの裏側は白くペイントして黒板をつけ、油性マーカーでフランス語のメニューを書いた。

どうぞ！

横置きのカラボは、こはるちゃんにぴったりの高さ。引き出しも上からのぞけるので、おもちゃの出し入れも簡単。

裏側はおもちゃを収納

カラボ用のキャンバス地の引き出しに、布の数字をボンドでペタリ。「よく遊ぶ順に、1には積み木、2にはこまかいおもちゃ、3にはバッグ類を入れています」

裕司さん(33才)、こはるちゃん(3才)の3人家族。

カラボはシンプルなので、布やペンでコラージュしたり、あらゆる用途で使えるのが魅力。トイレや押入れで計7個が活躍。

Sさん
33才・北海道

Remake 08

ままごと冷蔵庫

楽しく遊べて、ままごと道具もすっきり収納

一見、家具にも見えるミニ冷蔵庫は、カラボ、すのこ、100円グッズだけで作ったとは思えない完成度の高さ。

2段のカラボを100均かごで仕切り、収納力も抜群。「はじめはとびらをつけただけでしたが、取っ手やかごをつけて、使いやすく改良しました」

引き出しOKのかご

100均の金具をレールがわりに。結束バンドでとび出さない工夫も。

とびらはぴったり閉まる

すのこの脚を少しカットし、マグネットキャッチをつけた。

透明かごを卵ケースに

冷蔵庫のドアポケットにある、卵ケースに見立てた100均かご。

取っ手は100均の棒

ねじで棒を固定。「板の厚さを考えて、長いねじを選びました」

祐介さん(41才)、風輝くん、楓音ちゃん(4才)の4人家族。

市販のままごと冷蔵庫は高いので、カラボを使って手作りに初挑戦。すのこと100円グッズを組み合わせて1500円で完成。

今藤加奈子さん
36才・千葉県

4章

省スペース＆シワ防止、衣類の正しいたたみ方

なにげなくたたんでいる洗濯物ですが、
ここでは、さらにコンパクトになるうえ、
シワになりにくいたたみ方を伝授します。
ふだんはもちろんのこと、
オフシーズンの保管にも威力を発揮します。

トップス

カーディガン

**裏返しにたたむことが、
きれいに保管するための秘訣**

裏返して折りたたむのが正解！　こうすると、湿気や色あせなどを防いで収納できます。

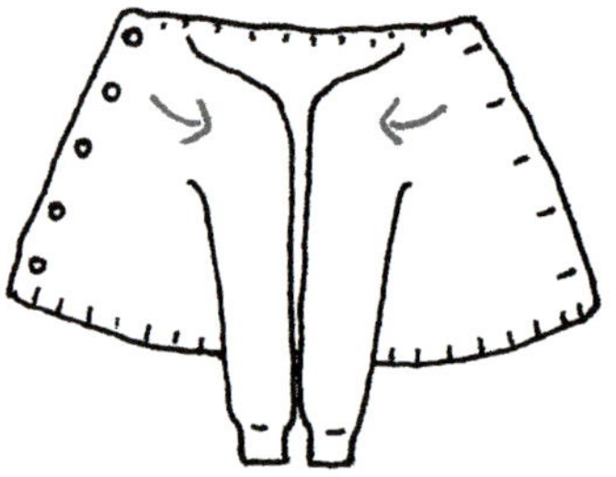

1. 背中を上にして、縦の中心線に合わせて、左右のそでを図のように折る。

2. 前身ごろを裏返して、そでに重ねる。左右同様に重ねる。

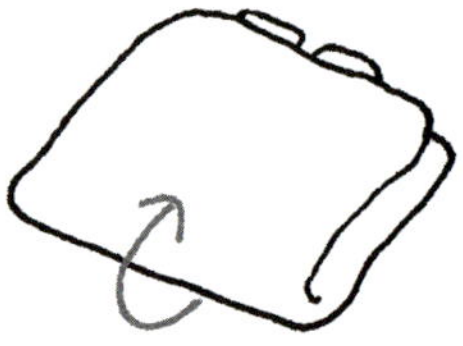

3. すそから2つ折りにする。

ジャケット

**縦に2つ折りすれば、
シワがつきにくくなる**

スーツのジャケットは、縦に2つ折りすること。背中側にある縫い目に合わせて折りたたむとGOOD。

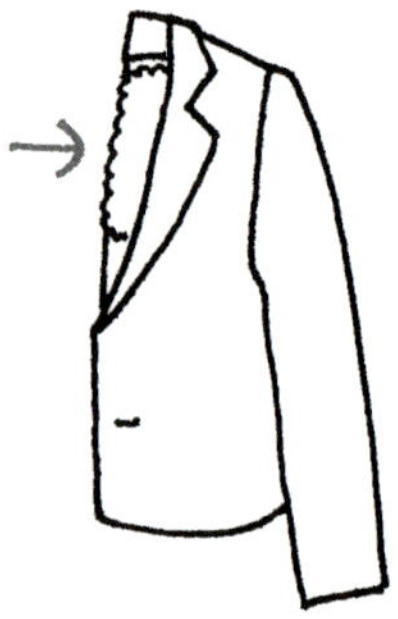

型くずれ防止のため、えりの内側にハンドタオルを入れ、背中を内側にして縦半分に折る。

ダウンジャケット

**空気を抜きながら
くるくる巻くのがポイント**

かさばるダウンウエアは、たたむより丸めて収納したほうがコンパクトに。最後はひもやゴムなどでしばる。

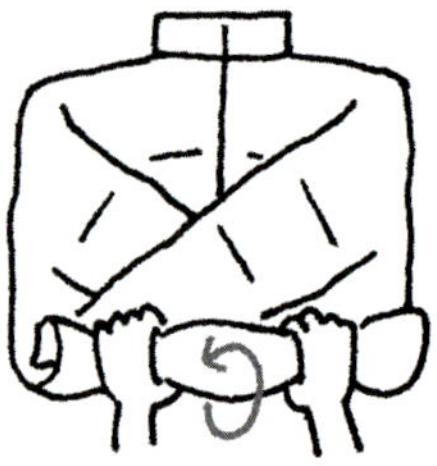

1. 両腕を内側に折り、空気を抜きながら、すそのほうから巻いていく。

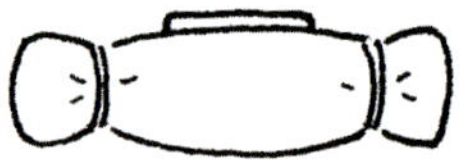

2. ひもなどで2〜3カ所とめる。

コート

**えり元につくいやなシワは、
ハンドタオルを入れて補正する**

長期間しまっておくコートは、たたみジワが気になるところ。えりの下にハンドタオルを入れ、補正するといい。

1. えりの下に左右1枚ずつハンドタオルをはさむ。

2. 両腕を内側に折る。

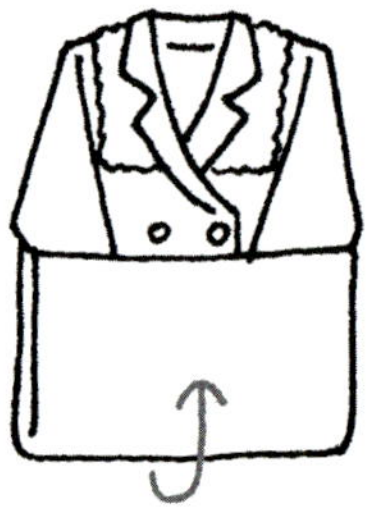

3. すそから3等分に内側に折りたたむ。

4. 完成。

シャツ

**ボタンを閉めると、
だれでもすっきりたためる**

たたむときに形がくずれがちなシャツは、ボタンを閉めてからたたむと、スムーズにきれいに仕上がります。時間がない場合は、1つおきでもOK。

1. ボタンをとめる。

2. 背中を上にして、わきとそでを内側に折る。

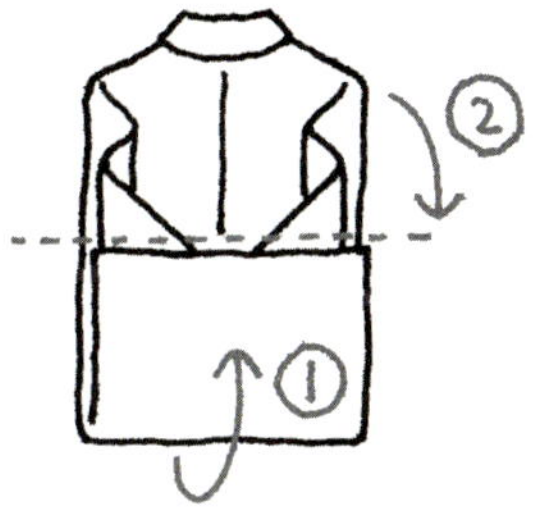

3. 反対側も同様に折る。すそから3等分に内側に折りたたむ。

4. 完成。

カットソー

**たたみ始める前に、
しっかりシワを伸ばすように**

全体を広げ、手でしっかりシワを伸ばしてからたたみ始めること。左右対称を心がけてたたむと、きれいにコンパクトになります。

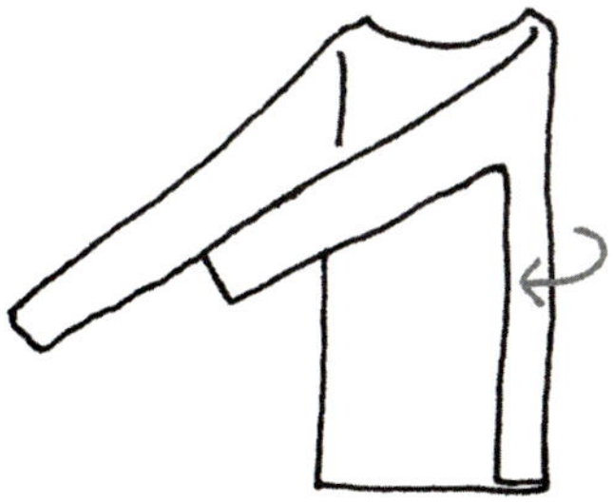

1. 背中を上にして、首まわりの端から、わきとそでを折る。

2. そでは、すそからはみ出ないようにわきに沿って折る。

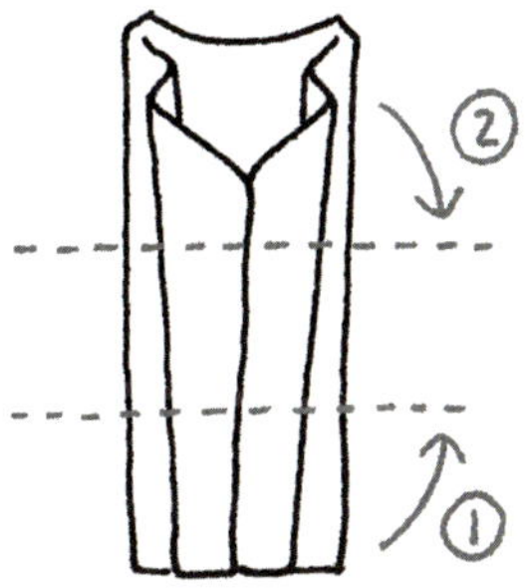

3. 反対側も同様に折る。すそから3等分に内側に折りたたむ。

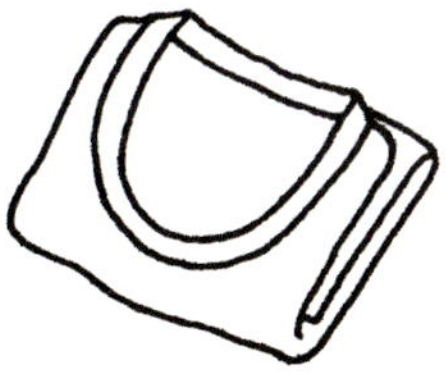

4. 完成。

パーカー＆セーター

**フード部分やネック部分を先に
折りたたみ、小さくまとめる**

パーカーのフード部分やセーターのネック部分は先に折り、そでと重ならないようにたたんでいくと、かさばらずに小さくまとまります。

1. フード部分を前身ごろに折る。

2. ファスナーに合わせて、わきとそでを内側に折る。

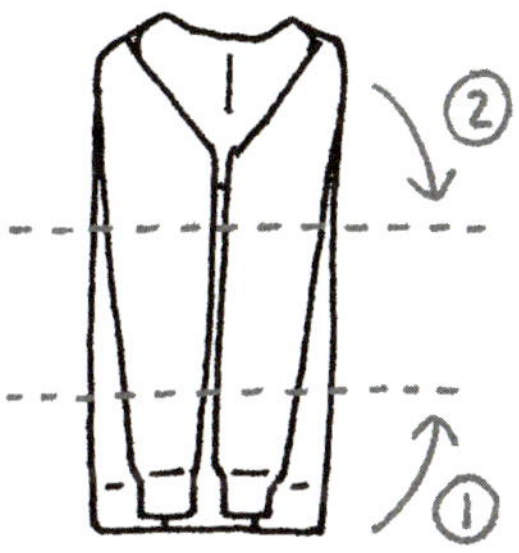

3. 反対側も同様に折る。すそから3等分に内側に折りたたむ。

4. 完成。

キャミソール

**肩ひもをはさみ込めば
小さくまとまり、省スペースに**

折りたたむときに余る肩ひもは、最後に折り目の間に入れれば、すっきりおさまります。

1. 背中を上にして、肩ひもを伸ばして広げたら、縦の中心線に向かって内側に折る。

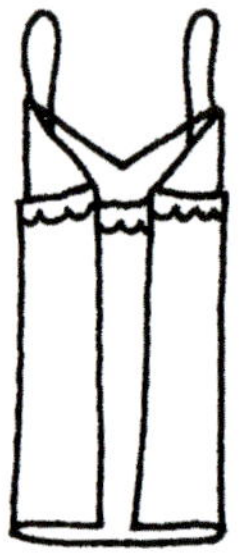

2. 反対側も同様に折る。

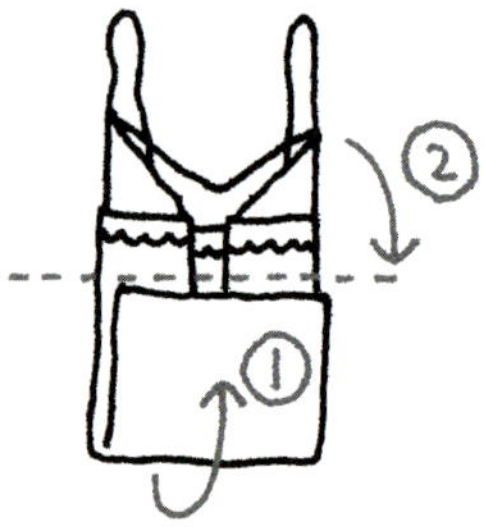

3. すそから3等分に内側に折り、折り目に肩ひもをはさみ込む。

4. 完成。

ワンピース

**シワを伸ばしながら折りたたみ、
最後に形をととのえる**

しっかりシワを伸ばしながら折りたたむことが大事。最後に形をととのえると、きれいに保管できます。

1. 背中を上にして、全体のシワを伸ばす。

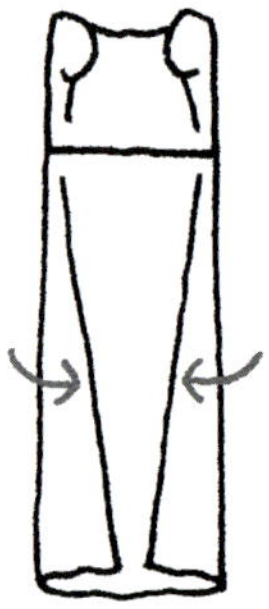

2. 縦の中心線に向かって、左右のそでからすそを内側に折る。

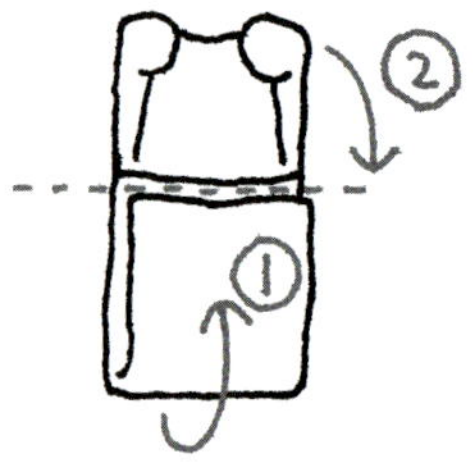

3. すそから3等分に内側に折りたたむ。

4. 形をととのえたら、完成。

Tシャツ

**シワを伸ばしてから、
左右対称にたたんでコンパクトに**

カットソーと同様、全体のシワを伸ばしてから折りたたむこと。特に首元にシワがつかないように。

1. 背中を上にして、全体のシワをしっかり伸ばす。

2. 首まわりの端から、わきとそでを折り、そで部分を三角形に折る。

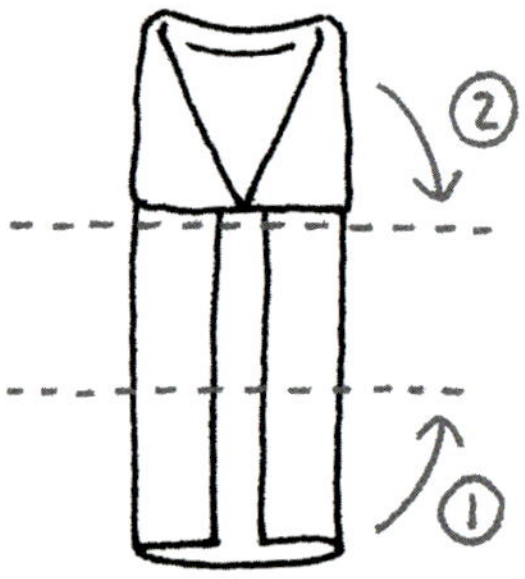

3. 反対側も同様に折る。すそから3等分に内側に折りたたむ。

4. 完成。

ボトムス

タイトスカート

たたむ前にファスナーをあけるのがコツ。たたみジワにはタオルを

ファスナーをあけ、ファスナー部分を外側にしてたたむことがポイント。長期間保管する場合は、タオルをはさむように。

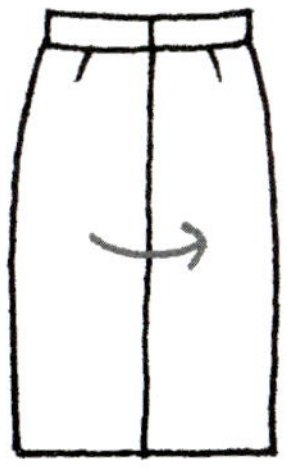

1. ファスナーをあけ、おしりを内側にして縦半分に折る。

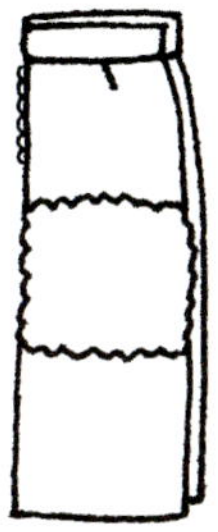

2. 仕上がりの幅に合わせてたたんだフェイスタオルを中心にのせる。

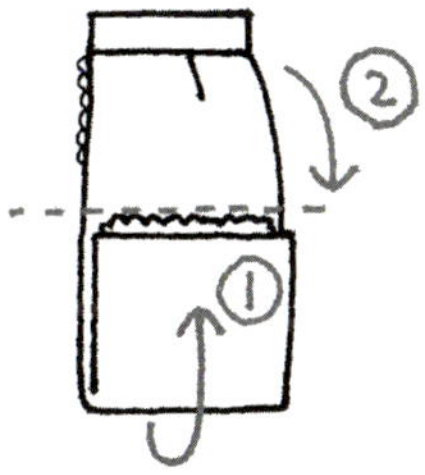

3. すそをタオルに重ねるように折り、3等分に内側に折りたたむ。

4. 完成。

ロングスカート

気になるたたみジワは、タオルをはさめばOK！

たたむとき、ハンドタオルを1枚用意。間にはさめば、たたみジワを気にせず、コンパクトに収納できます。

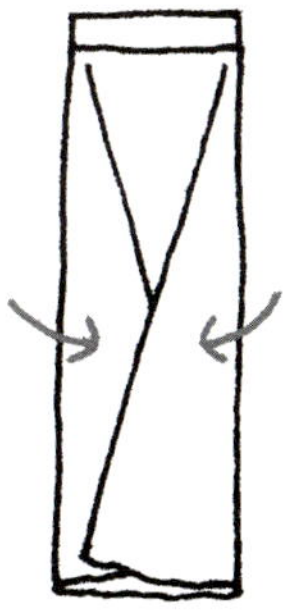

1. スカートを広げて置いたら、引き出しの幅に合わせて左右を折る。

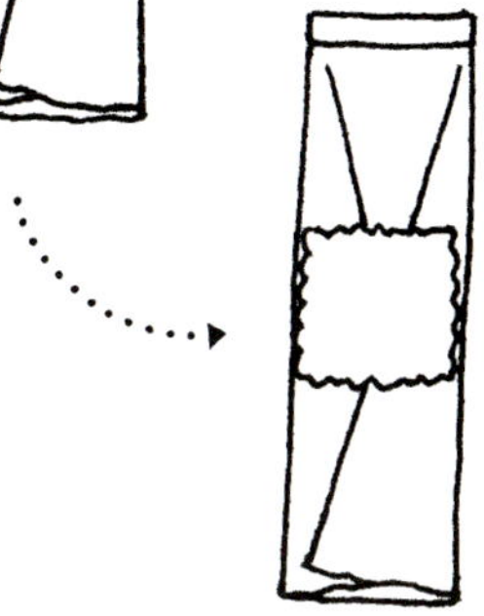

2. 仕上がりの幅に合わせてたたんだハンドタオルを中心にのせる。

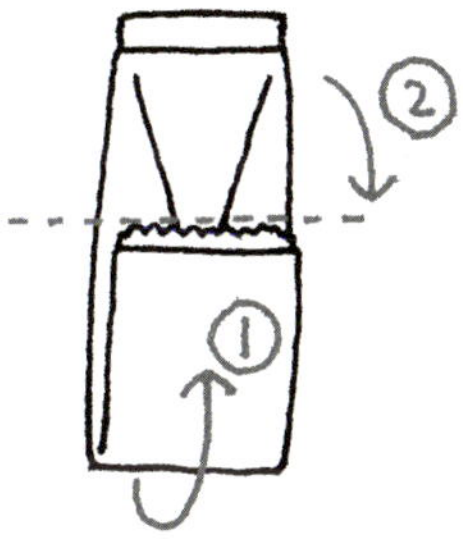

3. すそをタオルに重ねるように折り、3等分に内側に折りたたむ。

4. 完成。

パンツ

たたみジワができないように、ラップの芯をはさむ

ラップの芯をはさんで折りたたむと、シワになりません。引き出しに交互にしまうと、省スペース収納に。

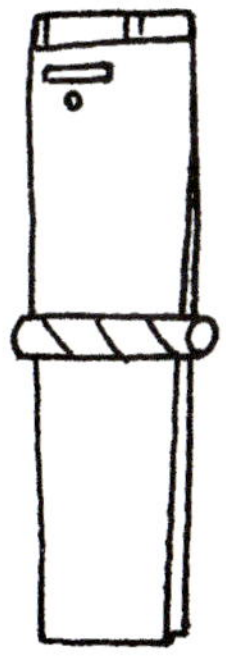

1. 縦半分に折り、中心にラップの芯などを置く。

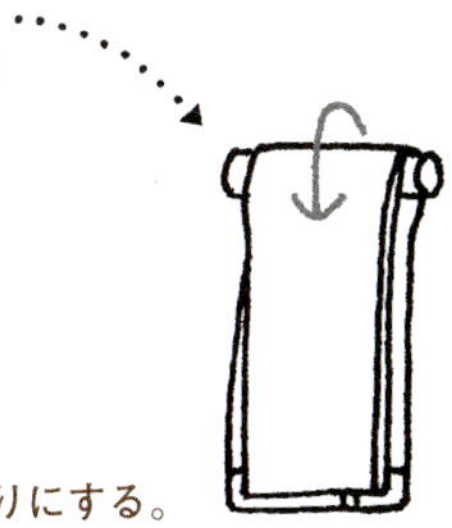

2. 2つ折りにする。

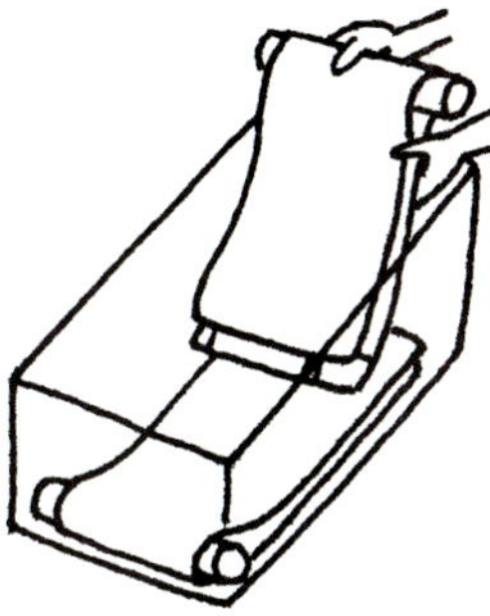

3. 芯が交互になるように重ねて収納する。

ジーンズ類は

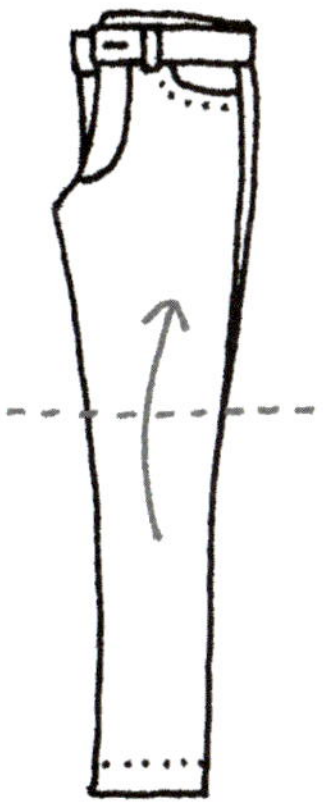

シワの気にならないジーンズは、ファスナーをあけて、縫い目に沿って縦に2つ折りしてから、横半分に折りたたむといい。

Lady's 下着類

ブラジャー

形をくずさず、肩ひもとベルト部分をすっきりまとめる

カップの形をくずさないようにていねいに折りたたむこと。立てて収納すると、とり出しやすくて便利。

1. 裏を内側にして、2つ折りにする。

2. 片方のカップをへこませ、その中に肩ひもとベルト部分をたたんで入れる。

3. ワイヤ部分を下にして、立てて収納すると◎。

ショーツ

小さくまとめ、ゴムで固定。形がくずれず収納しやすい

小さくまとめたら、ウエスト部分のゴムで固定すれば完成。収納しやすく、スペースも最小限ですみます。

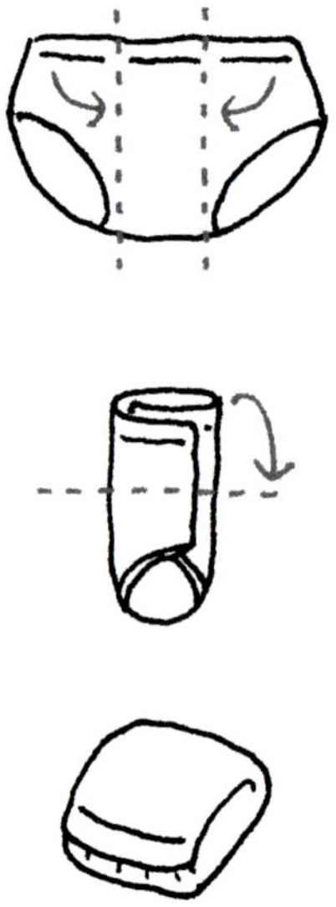

1. 縦に3等分して内側に折る。

2. 横半分に折る。

3. 股部分をウエストのゴムにはさみ込む。

スリップ

「くるくる丸めて、立てて収納」がとり出しやすい

スリップは、たたんでからさらに丸めてコンパクトに。立てて収納すれば、一目瞭然。

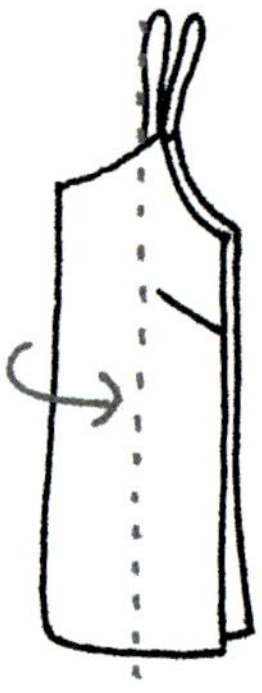

1. 縦半分に折る。

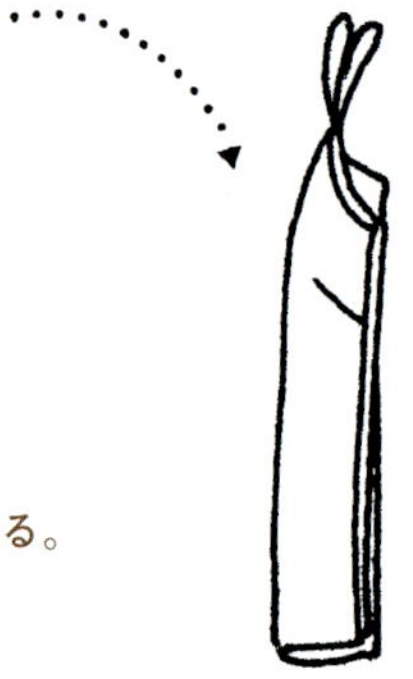

2. さらに縦半分に折る。

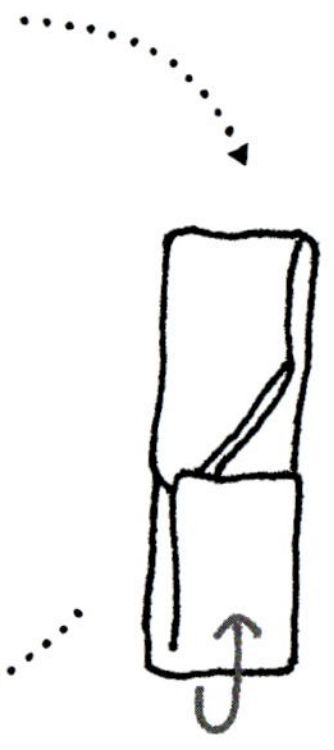

3. 中心に向かって上下1/4を折り返し、くるくる巻いていく。

4. 巻き終わったら、立てて収納する。

ストッキング

結んでしまうのはNG。折りたたむほうが小さくなる

結ぶより、そろえて折りたたんだほうがコンパクトに。最後にゴムで固定すれば、ばらつきません。

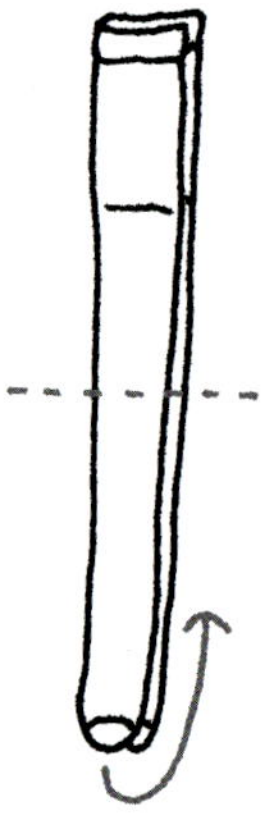

1. 半分に折って、両足を重ねる。

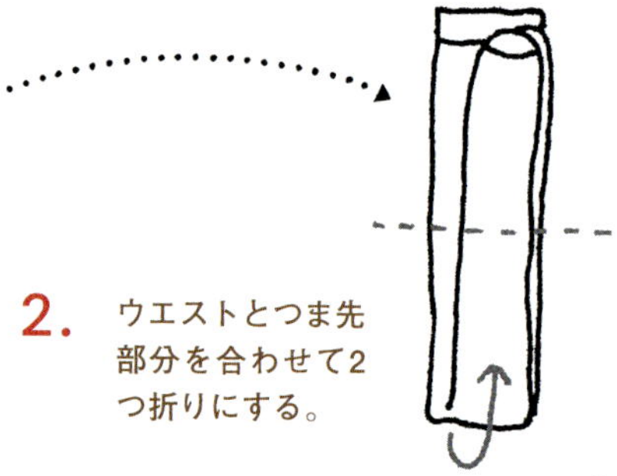

2. ウエストとつま先部分を合わせて2つ折りにする。

3. さらに2回折りたたんだら、折り目をウエストのゴムにはさみ込む。

ネクタイ

くるくる丸めれば、シワも気にならずに小さく収納可能

たたみジワが禁物のネクタイは、半分にたたんだら、あとはくるくる巻くだけで完成。

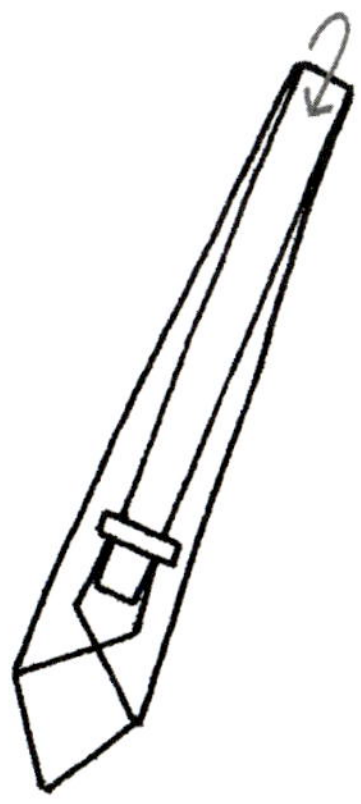

1. 小剣を内側のループに差し込む。

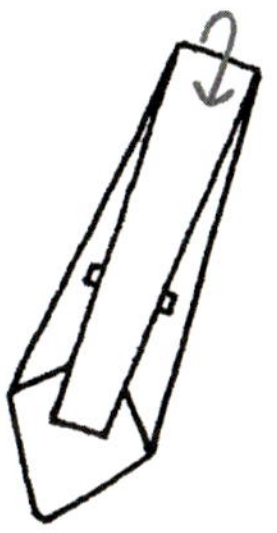

2. さらに2つ折りにする。

3. 折り目からくるくる巻いて、円筒状にする。

Men's

ボクサーショーツ

小さくまとめてからゴム部分で固定する

小さくたたんでから、最後にウエストのゴムで固定すると、しまうときもくずれないので便利。

1. 裏を上にして広げ、両端から1/3を内側に折る。

2. 反対側も同様に折る。

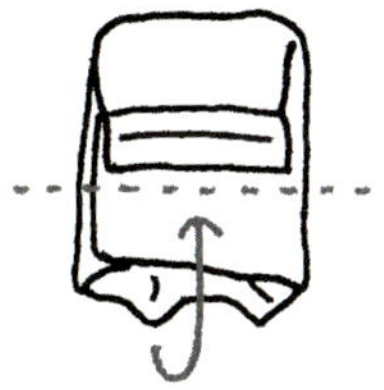

3. ウエストから3等分に内側に折りたたむ。

4. 股部分をウエストのゴムにはさみ込む。

トランクス

縦、横に折りたたんで小さくまとめるのがポイント

省スペースに収納するには、小さくまとめることが先決。縦、横に折りたたんで、できるだけ小さくまとめて。

1. 縦半分に折る。

2. さらに縦半分に折る。

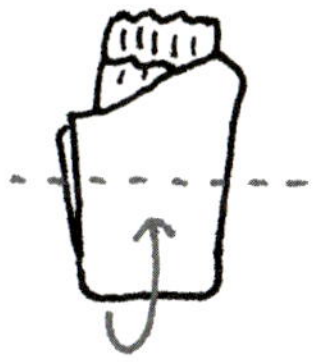

3. ウエストとすそを合わせて半分に折る。

4. さらに横半分に折ったら、完成。

タオル類

引き出しの幅に合わせて
折りたたむと、使い勝手がいい

タオル類は引き出しの幅に合わせて折りたたむように。輪を上か手前にして収納すると、使用時にとり出しやすい。

フェイスタオル

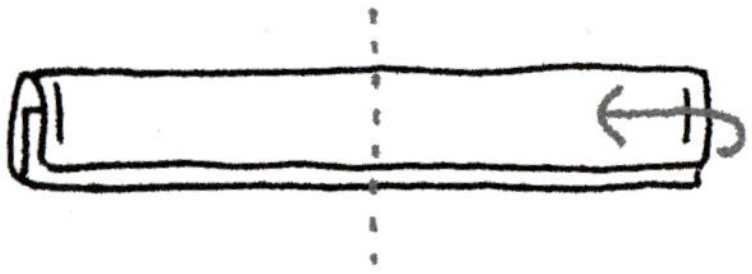

1. 短い辺を3つ折りする。

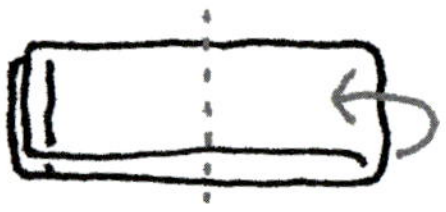

2. 引き出しの深さに合わせて折りたたむ。

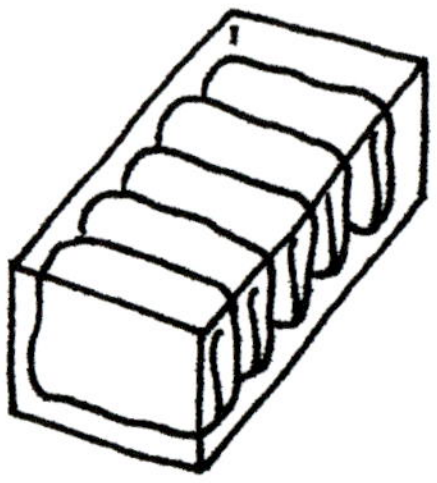

3. 輪を上にして、立てて収納。

バスタオル

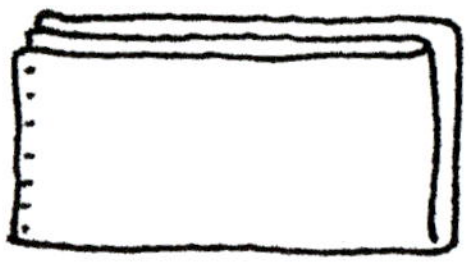

1. 引き出しの幅に合わせて横・縦に折りたたむ。

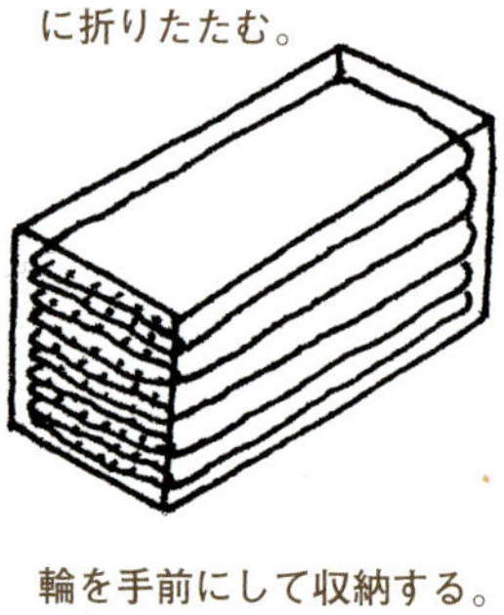

2. 輪を手前にして収納する。

くつ下

ハイソックス

ハイソックスは
4つ折りが正解

長さのあるハイソックスはゴムを折り返す方法より、2枚重ねて4つ折りにしたほうが小さく収納できます。

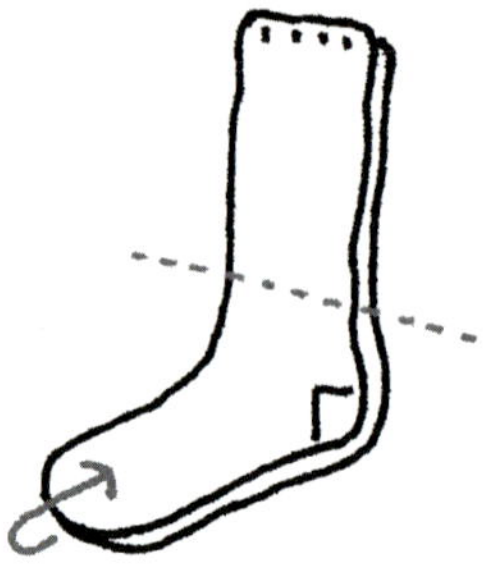

1. 2枚重ねて半分に折る。

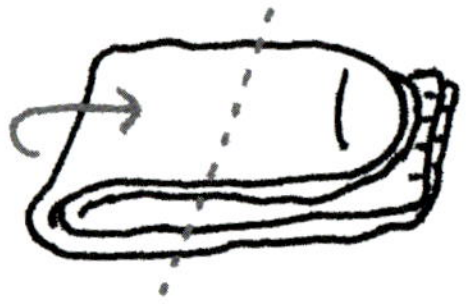

2. さらに半分に折る。

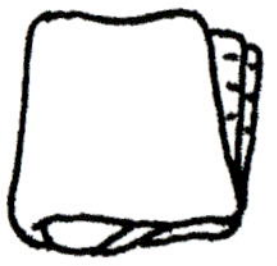

3. 完成。

ソックス

上下に3つ折りにしたら、
ゴムで固定する

3つ折りにし、つま先部分をゴムで包んで固定。厚手のものはゴムが伸びてしまうので、3つ折りのままに。

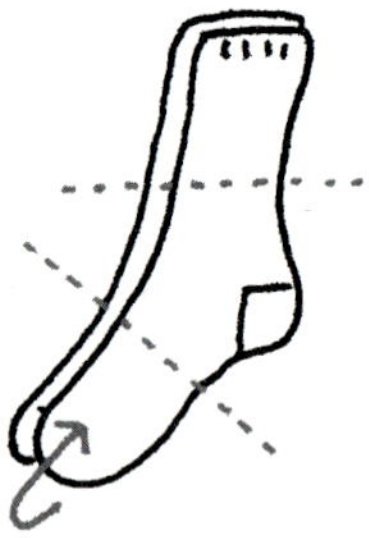

1. 2枚重ねて3つ折りにする。

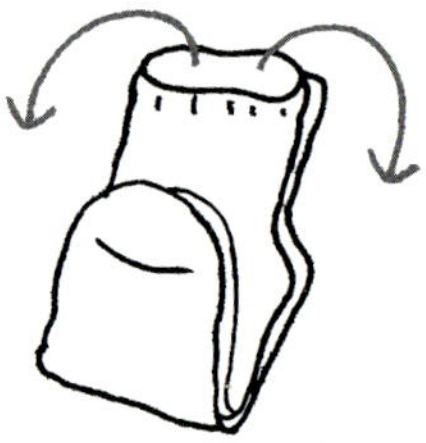

2. ゴムを折り返して包み込む。

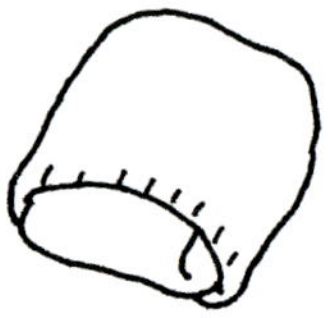

3. 完成。

スニーカーソックス

2枚きちんと重ねて
3つ折りにする

短いスニーカーソックスは、3つ折りにするとコンパクトに収納できます。丸めてもOK。

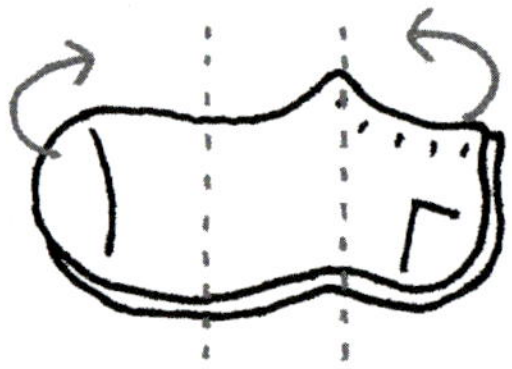

1. 2枚重ねて3つ折りにする。

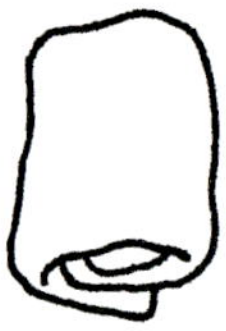

2. 完成。

5章

自由に楽しむ、
わが家の
収納＆インテリア

“片づく収納”にトライしながら
自分たちで見つけた収納方法こそがベスト。
収納もインテリアも自己流がいちばんです。
“好き”という気持ちから生まれ、
育まれる暮らしにまさるものはありません。

House File : 01

素朴な雑貨と手作りのぬくもりで心地よく落ち着ける空間に

飾りすぎずに空間を残す

時計は友だち、額はご主人からのプレゼント。壁の余白を残す飾り方を心がけている。ライトは手作り。

個性的ないすはフリマで

いすはフリマで1300円の掘り出し物。北欧の切手は紙にはり、小さな額に飾っている。

玄関には歓迎メッセージ

ドアに「WELCOME TO MY HOME」と赤い糸で刺しゅうしたフェルトのボードを。

Entrance 玄関

ダークな木の色やアイアンでシックに

とびらが上に開くくつ箱は、リサイクル店で約1万円。くつ箱の色に合わせて、アイアン小物や松ぼっくりなど渋めの色でまとめた。

日本の古い家具、フレンチ、アジアンや手作りなど、難波さん宅にはさまざまなテイストのものが絶妙なバランスで置かれています。「家具や雑貨は、偶然見つけたものばかり。〝これ〟と決めてさがすのではなく、近所や旅先の雑貨店やフリマ、リサイクルショップなどで少しずつ買ったものです」

間取り図

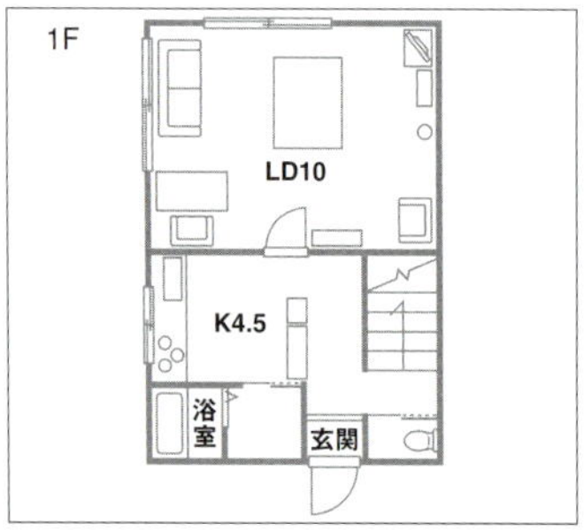

賃貸アパート
築13年
62㎡・3K

類さん(33才)と2人家族。

陶芸やフラワーアレンジメント、カリグラフィーを習うなど、手先を使う作業が好き。週5日、花屋さんで働いている。

難波友恵さん
32才・茨城県

キッチンが玄関から丸見えなので、隠すために板壁をつけた。古い雑貨やお気に入りのポストカードでギャラリー風に演出。

グラスやマスタードの空き容器に収納

箸やカトラリーは、グラスや空き容器に。とり出しやすく、このまま食卓に置いてもOK。

チーズトレイと合わせてディスプレイ

チーズトレイとなべつかみをつるして収納。上は手作り、下は東京・原宿『Zakka』で。

Kitchen

キッチン

ギャラリー風の板壁を手作り。玄関からの目隠し&仕切りに

「気に入る食器棚がなかなか見つからない」と、木箱を3つ重ねて、食器棚として利用。木箱はホームセンターで約2000円。

調理器具や食器なども、ひとつひとつ好きな色やデザインのものを厳選しているので統一感があり、すっきり見える。

難波さん流 飾り方Lesson

和洋折衷の魅力あふれるLD。いろんなテイストが共存しているのは、強く主張するアイテムがなく、飾るバランスがほどよいから。右端の白い棚は、ご主人の手作り。

Lesson 1 白い壁やカーテンの余白を生かして飾る。たくさん飾りすぎないこと

壁に棚を2つつけるときは、天井の高さや家具とのバランスを考えて、間隔を少しあける。左の棚はそばの箱を白くペイントしたもの。

カーテンレールの上に板を1枚置くだけで、飾り棚に。ひょうたんのへたと動物の顔の向きをそろえ、視線が右に流れるように工夫。

Lesson 2 色や素材、サイズのバランスをそろえる。等間隔に置くと、整然とした印象になる

雑貨を横に並べるときは、等間隔で置くときれい。たくさん並べる場合は、一部をそろいにするなど、ルールを決めても。

Lesson 3 家の中に生花があるだけでなごむもの。空きびんやカップに無造作にいける

鮮やかな色合いの花はシンプルな器にいけると、花本来の美しさが際立つ。ステンレスのジャグを使用していけた。

Living Dining

リビング・ダイニング

懐かしさを感じさせる
レトロで素朴な空間

テレビ下の和だんすにコンポを

「結婚したら、和だんすを置くのが夢だったんです」

電話は雑貨といっしょに

無機質な電話の子機は、北欧のプレートと文房具でカムフラージュ。

試験管入りのワイヤ素材の花器に、麻ひもをつけてフックにかけ、グリーンを飾っている。

ジャムの空きびんにヒヤシンスの球根をのせただけで、こんなにキュート。ラベルもかわいい。

日用品やインテリア小物を夫婦で手作り

撮った写真でカレンダーを

写真を撮るのが好きなので、お気に入りカットを厳選してカレンダーを作り、使っている。

木の枝を生かした手作りはたき

木の枝に麻ひもではぎれを巻きつけて作成。布は無地や水玉など、ブルーのトーンで統一。

X型のブックスタンド

1枚の板に金折れ（補強金具）で2枚の板を固定。オイルステインで古びた雰囲気を演出。

スタンドタイプのライト

薄切りの木を台にしたスタンドタイプ。ワイヤや麻ひもの使い方も市販品をヒントにした。

記念すべき1作めのライト

初めて制作した1作め。ひょうたんにあけた穴の大きさがいびつで、味わい深い。

手作りするきっかけのライト

ひょうたんライトの表情豊かなシルエットと光にご主人が魅せられ、手作りするまでに。

お気に入り雑貨

フリマで1500円で買った時計は、昭和40年以前にバスで使われていたもの。

那須の『SHOZO』で約3000円で買った陶器。ティーカップや小鉢に使う。

約10畳のLDには、できるだけモノを置かないのがルール。背の低い家具を選び、天井が高く、開放的な部屋づくりをしています。「雑貨を飾るときは、一度少し離れてチェック。まわりの壁や家具も含めたコーナー全体で、色みや量のバランスを見ます」

古くて素朴な雑貨と手作りのあたたかみが、家全体にやさしいぬくもりをつくり出しています。

家具を手作りして好きな雑貨を飾る。自由な発想で自分たちらしさを楽しむ

House File : 02

Entrance 玄関

天井まで届くくつ箱を制作。リネンでおおってすっきり

布を開けると

「くつが多いのに、玄関が狭い。大きなくつ箱も売っていないので、主人が手作りしました」。あまりはかないくつほど上の棚に入れている。リネンの右下の部分に白いペンキでアレンジを。

白ペンキのひと塗りが濃茶の端材に風合いを

濃い茶色のくりの木の端材に、白いペンキをサッと塗っただけで古びた風合いに。アジアン雑貨ショップで買ったアイアンフックとよく合う。

ブリキのポストをキーケースとして利用

『ヴィレッジ・ヴァンガード』で4800円だったブリキのポスト。「フックつきマグネットをつけて、カギをかけています」

「雑貨は見た目だけでなく、実用的で、価格が安いことが絶対条件」そう話す渡辺さん夫婦は、ポップな海外の雑貨が大好き。雑貨さがしは、夫婦共通の趣味です。

間取り図

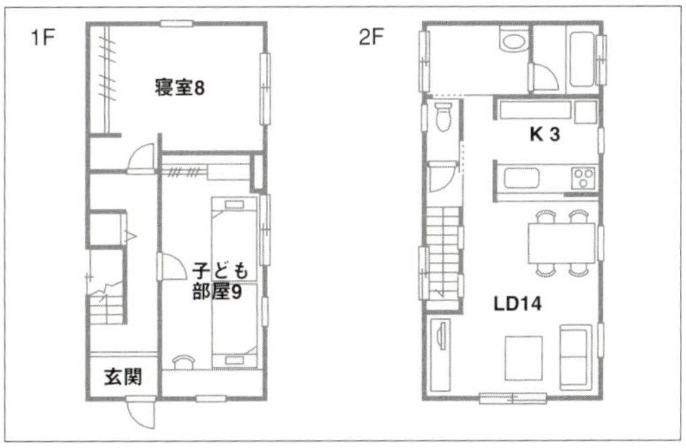

持ち家一戸建て
築4カ月
83㎡・2LDK

浩志さん(33才)、隆之介くん(6才)、淳之介くん(4才)の4人家族。

バンド仲間だった浩志さんとは、インテリアの趣味も同じ。外壁と内壁を夫婦で塗装した。

渡辺日実香さん
33才・石川県

Dining
ダイニング

自分たちで塗った白い壁に
ポップな雑貨がよく映える

2階に設けた14畳のLDの向こうには、3畳のキッチンが。気に入った日用品をオープンに飾って収納し、好きなものを自由に配した空間は、遊び心いっぱいで気持ちいい。

窓枠はお気に入りを飾る小さなギャラリー

ソファうしろの窓はカーテンでなく、ブラインドを配した。上板のスペースにはお気に入りのレコードのジャケットとグリーンを。

窓枠は小ぶりな雑貨を飾るミニギャラリー。「雑貨ひとつ変えるだけで雰囲気も変わる。狭いけど、自由に楽しめるスペースです」

Living
リビング

黒い革張りソファにローテーブル。映画のポスターでアクセントを

「大きいポスターは、よく見る場所から自然と目につく高さがベスト」。『勝手にしやがれ』のモノクロ調のポスターと家具がよく合う。

鳥かごをイメージして手作りした本棚

2mで98円の木材を使って両側をすのこ風にし、とびらに金網をつけた棚は、カウンター下にぴったり。電話帳や辞書、本などを収納。

″ポップ″をテーマにした、3畳のキッチン。シンク下と食器棚、作業台下はオープン収納に。「出し入れしやすいし、掃除もとてもラク！」

上は飾って下にはふきんを

『ヴィレッジ・ヴァンガード』で約900円で買ったピンチハンガーはふきんかけに。上にはポストカードを。

Kitchen キッチン

料理が楽しくなるポップな色づかい。飾りながら収納するワザには遊び心が

よく使う調味料はWECKのびんに

塩、砂糖、かたくり粉をドイツ・WECK社のキャニスターに。目につく場所に置いてもかわいい。

ヨーヨーキルトをつなげたカラフルなカーテン

丸く切った布の端を縫ってしぼったヨーヨーキルトを56個つなげた。ポップな色がアクセントに。

用途をかえて自由にアレンジ

ドアの取っ手はなんと水道管！

ダイニングの引き戸の取っ手は水道管。「古びた鉄の質感が木になじんで、いい感じ」

キッチンのボウルをシェードにリメイク

ボウルを逆さにし、底側から電球を入れてシェードがわりに。穴からもれる光もきれい。

ひとつひとつ集めた雑貨を飾るのは、自分たちで壁や床を塗装したマイホーム。DIYに自信をつけた2人は、ほしいものがなければ手作りします。キッチンカウンター下の戸棚や食器棚、ポスターのフレームなどが、新しい家にあたたかみを添えています。

「お気に入りの雑貨が映えるように、作るのは簡単でシンプルなものだけ。低コストで、ほしい色やサイズに仕上がるのが手作りのいいところです」

雑貨や手作りを加えて自分たちらしい家をつくっていくこと。それが渡辺家の最大の楽しみです。

Kid's room

子ども部屋

壁にある大きな黒板がおもしろい。男の子2人のカジュアルな空間

勉強机のいすは、富山の雑貨店まで行ってさがしたもの。壁のアナキン・スカイウォーカーのポスターが、男の子の部屋にマッチ。

黒板は、板に塗料を塗ってフレームをつけた手作り。隆之介くんと淳之介くんは、毎日ここで楽しくお絵かき。

Toilet トイレ

内装のテーマは“ライブハウス”。鮮やかなグリーンの壁が魅力的

入るたびに楽しい気分になるトイレ。窓枠には、壁紙に映える色のノベルティ人形やポストカードを飾った。

グリーンにペイントした壁はご主人のお気に入り。金網をつけたフレームに音楽雑誌の記事をコラージュし、いちばん目につく場所に。

House File : 03

「隠す収納」と大好きな「北欧もの」でシンプルですっきりした空間に

LD側

**LDから出せるように
お客様用の食器を収納**

キッチンカウンター上のつり戸棚は、食器棚がわりに入居時につけた。「買うのは洋食器がほとんど。和食器は母が持たせてくれたもの」

キッチン側

**裏側には毎日活躍する
ふだん使いの食器を**

裏のキッチン側には、洋はもちろん、和のおかずにも相性がいいイッタラ社のティーマシリーズなどを収納。「よく使うものは下2段が定位置」

「生活感がないのが理想」というキッチンは、モノが出ていない。テーマカラーは白と黄色。ごみ箱もこの2色に。

白い壁に白木の床、大きな窓。「白くて、光がたっぷり入る明るい家に住みたかったんです」と話す立林さん宅は、まさに言葉どおりの空間。そこにシンプルな北欧家具がしっくりなじんでいます。

「この家に合うものは?と考えていたとき、本で見たのが北欧の雑貨。シンプルだけど、色使いがきれいで機能的。2年前にフィンランドに行ってさらに好きになり、少しずつそろえていきました」

持ち家マンション
築5年
77㎡・3LDK

聖さん(34才)と2人家族。

「日当たりのいいリビングで、ラグに寝転んでくつろぐのが幸せ」

立林淳子さん
34才・神奈川県

間取り図

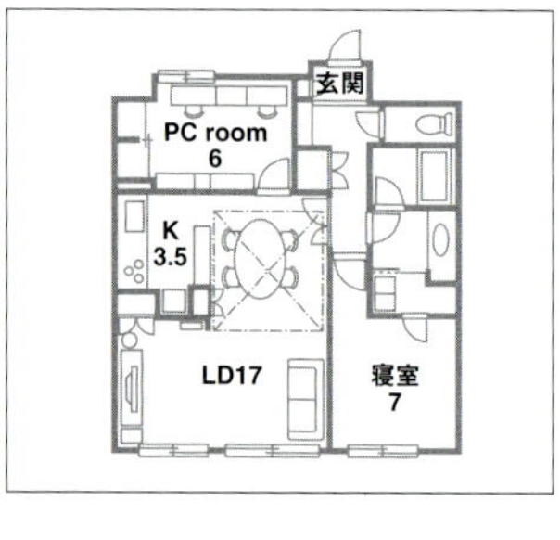

Dining
ダイニング

光が入るダイニングは
むだなものを置かずに広々

吹き抜けのリビングへとつづく、明るい空間。インテリアの主役はきゃしゃな脚を持つフリッツハンセン社のBテーブルとセブンチェア。白い壁にパキラの緑とポスターが映える。

PC room
パソコンルーム

本や日用品を収納した壁面棚は
とびらを閉めればすっきり

床から天井までぴったりの壁面収納棚は、とびらつきにこだわって通販雑誌で購入。右列が自分、左列が夫、中央部分が共有と決めて管理。それぞれのスペースに合うものを収納し、使いやすく。

見直していらないと思った本はここへ。「引き出しがいっぱいになったら古本屋さんに送ります」

帰宅後、バッグの中身は引き出しへ、財布は机の上のかごへ。

5段め　売る予定の本

1段め右　アクセサリー・ネイル

小さい引き出しもかごやトレイで仕切る。中身が見える密閉式ビニール袋も活躍。

2段め　保存用文庫本

気づくとふえてしまう本は“2段めと4段めの2段分のみ”と決め、あふれたら見直し。いらないと判断したら5段めへ。

2つ並んだパソコンデスクも
右と左で半分ずつ使用

パソコンデスクは右が自分、左が夫用。共通で使うプリンターは中央に置き、引き出しも半分ずつ使っている。

Living
リビング

とびらをとって開放感いっぱい。ラグを敷き、くつろぎスペースに

とびらをとり払い、ダイニングからL字型につづくリビング。ソファの対面がテレビなので、DVDはラックに収納。とびらは圧迫感がなく、中が見えにくいすりガラスを選んだ。

立林さんの収納ルール

1. 生活感があるものは“隠す収納”ですっきり
2. 使う場所の近くに置いて動線をスムーズに
3. スペースに詰め込まず、ゆとりを持たせる

Sanitary
サニタリー

6段の引き出しも右列は自分の衣類を

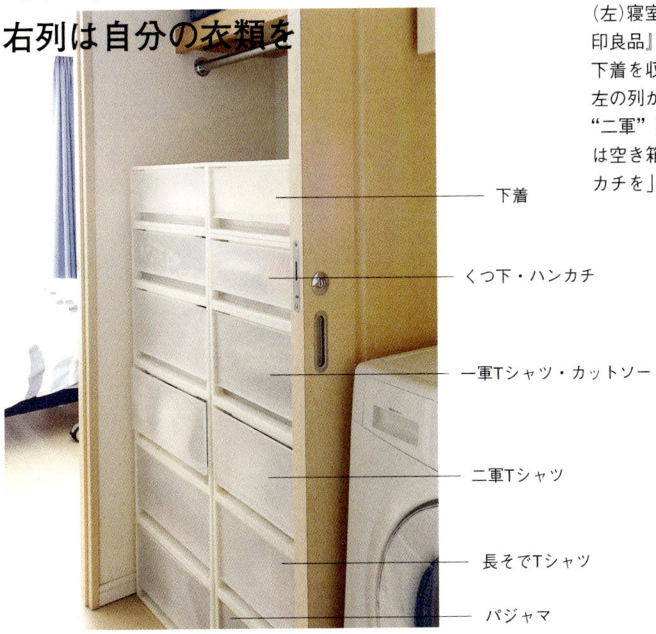

(左)寝室横のクローゼットに『無印良品』の引き出しを置き、服や下着を収納。ここも右の列が自分、左の列が夫用。「“一軍”は外出用、“二軍”は近所や家用。2段め(右)は空き箱で仕切ってくつ下やハンカチを」

自称〝散らかし屋の片づけ屋〟。散らかった状態がつづくと居心地が悪いので、まめに片づけます。「2カ月に1度はゴミ袋を持って家じゅう捜索。『これ、本当に使う?』と考え、今使わないと思ったら、売るか捨てる。常に必要なものしか持っていたくないんです」

収納で何より大事にしているのは〝隠すこと〟。モノが少ないうえに収納家具はとびらつきを選んでいるので、いつもすっきり。「片づいていると気持ちもおだやか。その中に好きなものがある暮らしを今、とても楽しんでいます」

アイテム別・立林さん流収納アイディア

食器&ふきん

キッチンの布類は清潔感のある白で統一

キッチンで使う布類は白と決め、シンク上の棚に収納。かごに台ふき、食器ふき、ポンポンたわしを。「たわしは毛糸で小さめに作って、使い捨てています」

洗たくグッズ

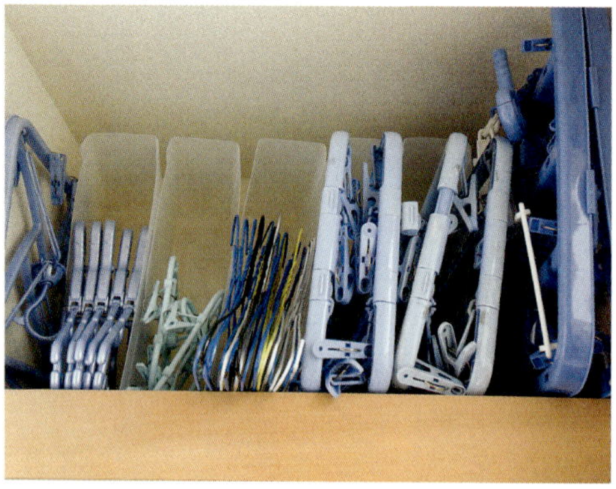

ケースで仕切れば見た目も使い勝手もよし

サニタリー横のクローゼット上を、ハンガー＆ピンチハンガー専用置き場に。100均の書類ケースを使い、立てて収納。からまらず、使いたいものがサッととり出せる。

メイクグッズ

必要最低限のものをかご1つにまとめる

よく使うメイクグッズは、ブラシ以外を厳選してかごの中に。何が入っているかひと目でわかるので、あわただしい朝でもスムーズ。「毎日使うものはこれで十分」

旅行グッズ

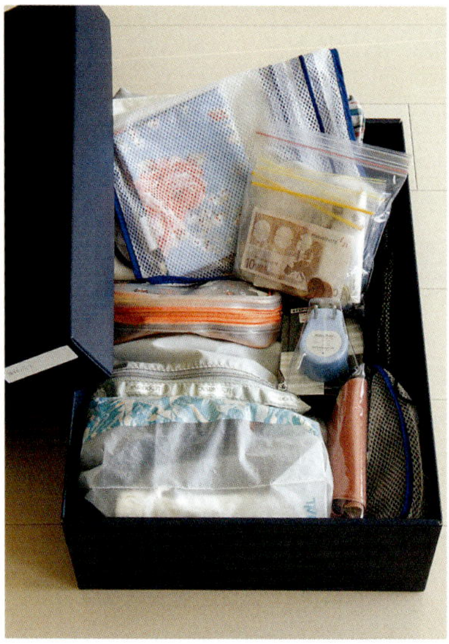

必要なものを大きめのふたつき箱にセット

「旅行に行きたい」と思ったらすぐ準備できるように、スリッパ、変圧器、通貨などをひとまとめに。「必要なものがすぐ出せるようにポーチに小分けすると便利」

リモコン

使い終わったらテレビ台の中に収納

つい出しっぱなしになりがちなリモコンも、隠して収納。場所を決めておけば、さがすこともない。「ひんぱんに出し入れするので、ゆとりを持ってしまっています」

ペーパーナプキン

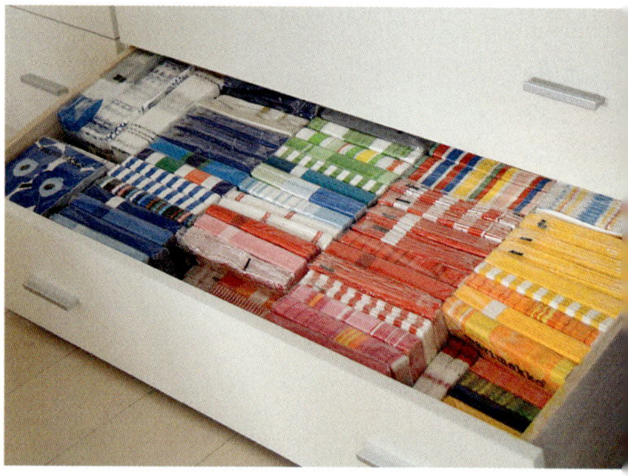

引き出し1段にぴったり入れる

旅行のたびに買ううちにふえ、今ではこんな数に。季節外の服などを入れたチェストの1段を専用にしている。「引き出しの高さがぴったりサイズなのがポイント」

モノは使ってこそ。大切に使っている大好きな"北欧もの"

カイ・ボイスンの猿とクリステンエデルの鳥

1点1点手作りで表情の違いにひかれた。鳥のオブジェは、頭と体が動かして楽しめる。

イッタラ社×マリメッコ社の「マリボウル」

器として使うだけでなく、クリスマスの飾りなどを入れて、ディスプレイにも使える。

マリメッコ社のなべつかみ

ほどよいサイズのうえ、薄手で使いやすい。LOKKIという名のこの柄は、好きな柄の一つ。

イッタラ社のアアルトの「サヴォイベース」

湖の形をした美しいラインが特徴。花びんを、立林さんはペン立てとして使用中。

イッタラ社の「オリゴ」

はじめは派手かなと思ったが、なべの取り皿やサラダに活躍。白い器と合わせるのがいい。

アルテック社×イルムスの「アルテックスツール」

ベッドのサイドテーブルとして使っている。「北欧のきれいな水色にひかれました」

ダーラナホース

北欧では幸運を運ぶとされる木製の置き物。手前はデンマーク、奥はスウェーデンで購入。

マリメッコ社とアラビア社のペーパーナプキン

集めているが、しまい込まずに使う。「パンやカトラリーの下に敷いて使います」

イッタラ社のポストカード

かさばらないので、自分のおみやげに。ほしい器を、ポストカードでがまんすることも。

ほしいサイズとデザインで手作りした木製家具は、使い込んで出る味も魅力

手作りの飾り棚や机、黒板を並べたコーナー。ずっとさがしていたガラスケースはパン屋さんで50年使われていたもの。好きな小物だけをディスプレイ。

数は多いけれど大きな家具はないので、スペースは広々。窓側にある3つの棚とローテーブルも手作り。

House File : 04

持ち家マンション
築13年
70㎡・3LDK

大輔さん(31才)と2人家族。

濃い茶色だったリビングの床は白く塗った板を敷き、ぐんと明るい雰囲気にリフォーム。

間取り図

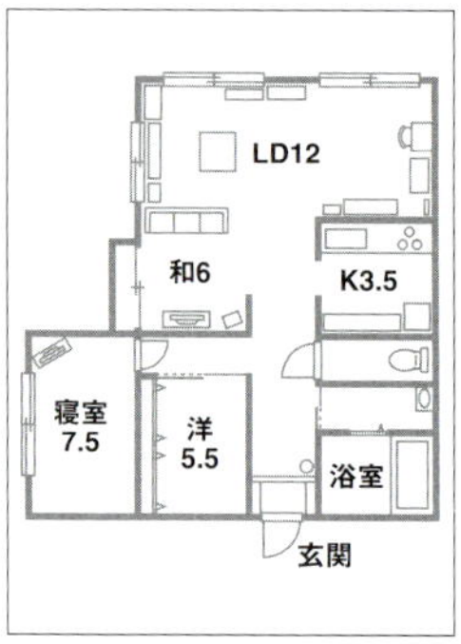

森下れなさん
28才・京都府

Living Dining

リビング・ダイニング

白い手作り家具に古道具がしっくりなじむ

キッチンカウンターの窓の右には手作り調味料棚、左には古い窓枠をはめ込んだ。「窓枠は取り壊した家のもの。トラックの荷台で見つけてゆずってもらいました」

白くペイントされた木製家具が並ぶLDは、まるで雑貨店のよう。この部屋に住み始めてまだ半年なのに、「家にある家具はほとんど自分で作った」というから驚きます。

「〝ここに棚がほしい〟と思ったら、頭の中で形をイメージして手作り開始。大ざっぱだからうまくいかないこともあるけれど、思いがけないものができるのも楽しい」

朝、突然思い立っても、材料があれば3～4時間で完成。仕事から帰ったご主人を驚かせることも。

「既製品は最初はきれいだけど、古くなるとただ汚れていくだけ。作ったものはゆがんでいたり、少しグラつくものもあるけれど、それも手作りの味。日が当たって色が変わったり、傷ができたりすると、ますます愛着がわくんです」

「マクドナルド」のごみ箱がヒント

SPF材を使い、約3000円で作ったごみ箱。上のふたを押してごみを入れ、たまったら下の袋を交換。「家具みたいに、部屋になじむのがいい」

こんなものがランプシェードに！

100均の鉢カバー（上）と約300円で買ったじょうご（下）。本来の用途そのままには使わず、ひとひねりするのが森下さん流。

Work space

ワークスペース

手作り机の上で新たな作品が生まれる

「毎日、ドリルを持つか、ミシンをかけるかしている」というほど、家具だけでなく、布の手作りも好き。「すわると、窓から景色が見えるお気に入りの場所です」

手芸用品を小引き出しで仕分け

白くペイントした引き出しの中にはリボンや糸、パーツの金具などバラつくものを収納。金具を入れているのはプリン型。

駄菓子ケースをリボン入れに

手芸用のリボンを入れた駄菓子ケースは、10年ほど前に古道具市で入手したもの。ペイントした窓枠は、飾り棚がわりに。

はんこ類をプリン型にまとめる

机の引き出しには、はんこ類を。ここでもプリン型が活躍。「小さい引き出しの中もこまかく仕分けすると、見やすく、出したいものがパッと出せて便利」

カラーボックスをリメイクした棚

使わなくなった3段のカラボを2段にし、網をはった戸をつけた棚。上段にはケーキ型に入れたラッピンググッズなどを、下段にはインテリアや手作りの本を収納し、布で目隠し。

思いどおりのサイズにできるのも手作りのいいところ。決まったスペースに収納するのではなく、収納したいものや量に合わせてスペースをつくることができます。

「でも、モノが多いときゅうくつに感じるから、ふやしすぎないように気をつけています。ふきんやタオルは枚数を決め、1枚捨ててから1枚ふやす。家具を作ったら、ほしい人に売って手放しています」

味が出た手作り家具や風合いのある古道具。使いつづけるうちに味わいを増し、さらに居心地のいい部屋へと変化していくはずです。

Kitchen

キッチン

家電も食器も食材もまとめて収納できる手作り棚が主役

こまごましたものはこの木箱に

引き出しがわりの拾った木箱には、お弁当グッズなどを収納。「左の食器ふきは“ここに入る数だけ”と決めています」

SPF材を使い、材料費約5000円、3～4時間で作った棚。中段は電子レンジの高さぴったりに作り、左側にはふだん使いの食器を。下部は手前に引いて開けられる戸をつけ、100均かごを使ってストック食材を収納。

Bedroom

ベッドルーム

飾るものや色数を抑えて落ち着く空間に

清潔感のある白をベースにシックな色でまとめた寝室。飾り棚と手編みの服、紙袋を1カ所にまとめてディスプレイ。「飾るのは大好きですが、寝室ではリラックスしたいので、飾りすぎないように気をつけています」

House File : 05

さまざまな国のアンティークや古いものをミックスしたなごむ家

チェストの上には骨董市の木の棚、100均の白い棚、駄菓子屋さんのブリキケースなどを。ケースの中はフランスのアンティークのブリキ缶。左のガラスびんの中には綿棒が。

「構想3年半。手持ちの家具の置き場所をひとつひとつ考えながら、たとえばチェストは階段下に置くと決めたら、建築士に伝えて図面をおこしていきました。3年前に建てたときのテーマは〝新築でも懐かしさのある家〟」

そう話すとおり、丁子谷さん宅には木目の美しいフローリングと白い壁の広々とした部屋に、イギリスやフランスのアンティーク小物と日本の古道具が飾られ、ぬくもりのある部屋に仕上がっています。

間取り図

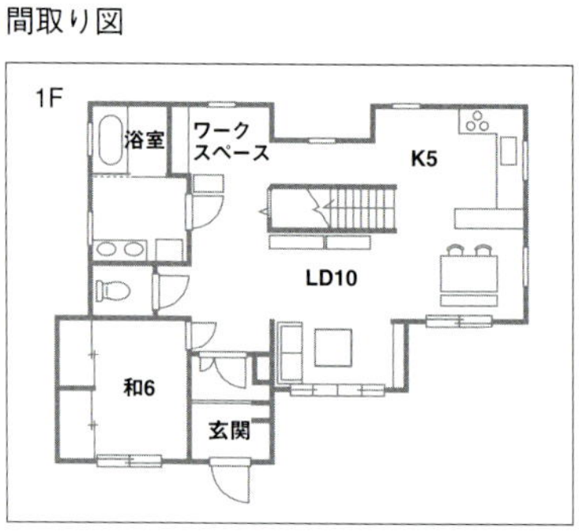

丁子谷衣里さん
37才・青森県

持ち家一戸建て
築2年
152㎡・5LDK

充さん(38才)、まりもちゃん(6才)、ゆららちゃん(3才)と4人家族。

看護師。小学生のころからよく模様替えを楽しみ、お店のディスプレイが好きだった。

Living

リビング

ローテーブルとソファ。居心地のいい空間

活版印刷のプリンタートレイに、以前から好きで集めていた切手を飾った。上には、ご主人手作りのドイツツリーのオーナメントが。

テレビ台の上の棚には、先輩からもらった白いボックスをかけて、古い小びんやマッチ、糸などを飾っている。

テーブルは青森市内にある古道具店『キューズ・アンティークス』で、ソファは『無印良品』で購入。広々とした空間に、雑貨が絶妙に配されている。

春・夏、秋・冬と年2回、模様替えするというガラスケース。「夜になると明かりに照らされたグラスがきれいにきらめいて、とても気に入っています」

アンティーク小物を自由にアレンジして楽しむ

アンティークをそのまま飾るだけでなく、別の使い方をしたり、アレンジして組み合わせて飾ったりして、自由に楽しんでいる。

新品のねずみとり（300円）にスタンプなどを押して加工。古い洋書の1ページや海外のカレンダーをはさんだ。

大きめの糸巻きを打ちつけて、カーテンホルダーに。『キューズ・アンティークス』で10個まとめて600円で購入。

階段横のガラスケースも、実家の食料品店で使っていた古いパンケース。中にはフランスのアンティークグラス、イギリスのプレートやカップなどが。

「飾るものは、見せるもの。ふだん使いのものは色がまちまちなので、隠す収納に徹しています」

飾るときのポイントは、色と質感とバランス。同じトーンにそろえたり、反対のものを少しプラスしたり。下がって見て、全体のバランスをととのえます。もうひとつ大事なポイントは、季節に合わせて配色を変えて楽しむこと。

「たとえば、ガラスケースの中の白とブルー、ブラウン、それにグラスを加えたトーンは、春・夏向き。年2回、季節によって中を模様替えしています」

フランスの魚焼き網に、古い洋書を1ページ破って入れただけなのに、こんなに素敵。テレビ台上の壁に飾っている。

Dining
ダイニング

白い大きなテーブルに形の違ういすが集まって

白と木目を基調に、ブルー系をさし色にしてさわやかなイメージをプラス。白いテーブルは知人の大工さんの手作り。

テーブルに駄菓子屋さんのブリキケースを置き、中に作家もののふだん使いの食器を入れて、とり出しやすくしている。

Work space
ワークスペース

手作りを楽しむための3畳大のコーナー

木枠のケースには、フランスののみの市で売られている、古い手紙やパッケージの切れ端を。

古い家具や小物は実家にあったものや、古道具屋さんやネットで買ったもの。日本、フランス、イギリス、北欧……古いものはどの国のものをミックスしても、しっくりとおさまるから不思議です。

「飾る量を足したり、引いたり。自分が思い描いたように飾れたときは、うれしいですね。飾るためには、きちんと収納して、よけいなものを外に出さないことがとても大事。懐かしくて、ほっと落ちつくインテリア。家族が居心地よく住める家を目ざしています」

手芸やコラージュなど、趣味の手作りを楽しむためのスペース。

白、木目、ブルーを基調にやわらかなイメージでまとめた飾り棚。木のつるを巻いて飾った。棚には日本ののりべら、ドイツのプレート、イギリスのピッチャー。

House File : 06

持つのは使うもの、大切なものだけ。最小限のもので“今”を快適に

友人や料理教室の生徒さんなど、来客が多い門倉さん宅。とびらの向こうには、広々としたリビングがつづく。

Entrance 玄関

使う場所の近くに置いて隠す収納。使いやすくて、見た目すっきり

床から天井まである造りつけの収納棚。ドアに近い場所にはくつやスリッパなどを。とびらの内側には、出かけるときにすぐ持っていけるように買い物用バッグをかけている。

平日の朝、4時半。門倉さんの一日が始まります。5時過ぎにご主人を会社まで送って家に戻り、ひと息ついたら掃除を開始。寝室の換気から始まり、外に出ているものを元の場所に戻し、水回りをふいて、約30分で終了。部屋はい

間取り図

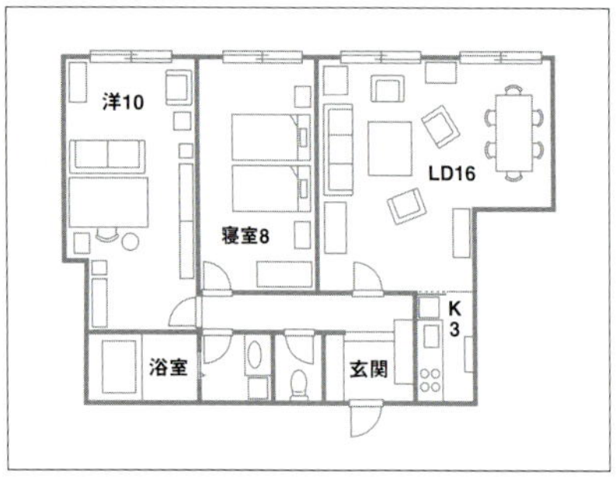

賃貸マンション
築10年
82㎡・2 LDK

夫(51才)と2人家族。

料理教室「クッキングホリデイズ」主宰。ドイツ人の母、日本人の父を持つ。近著に『タニアのドイツ式部屋づくり』(ソフトバンククリエイティブ)。

門倉多仁亜さん
41才・東京都

Dining ダイニング

使っていくうちに味が出るものを選び、自然とあたたかみを感じる空間に

床にラグを敷き、リビングと区切りをつけたダイニングスペース。テーブルは10年ほど前に『ザ・コンランショップ』で購入。天板が亜鉛板で傷やしみがつきやすいが、「それも味です」

ティータイムに登場するのは、季節のフルーツを使った手作りのお菓子。ドイツでは、ふわっと泡立てた生クリームを添え、コーヒーやハーブティーといただくのが定番。

つでもすっきり片づいています。「もっと使いやすくしたい、と朝から模様替えをすることも。快適に過ごすためにはどうしたらいいか、いつも考えています」

子どものころから、ドイツやアメリカなどさまざまな国で暮らし、20回以上引っ越しを経験。その間に、自分なりの心地よい暮らしを少しずつ見つけてきたのです。

Living リビング

ひとつひとつ気に入ったものだけを選び、家族がリラックスできるスペースに

“リラックスできること”を何より考えたリビング。中央に大きなテーブルを置き、いすとソファを並べた。シンプルな家具が並ぶ中、手作りのクッションやグリーンがあたたかみを添えている。

“気に入ったデザイン”で“使える”実用品を選べば、居心地がいい

リビングで使うものを収納しているのは「約20年前、母が古道具店で買った着物ダンス」。深さがあり、収納力抜群。

見た目がいいブラシなら出しっぱなしでOK

ダイニングとの境のライトテーブルの上にあるのは、ドイツ製のブラシ。「ほこりがたまりやすい家具をすぐ掃除できるように、置きっぱなしにしています」

上から3段めはクロス類やナプキン

テーブルクロスやキッチンリネン、紙ナプキンを収納。「見やすいように、少しずつずらして入れています」

いちばん下の段には宅配便セットと紙袋を

宅配便を出す機会が多いので、粘着テープやはさみ類はまとめて収納。もらった紙袋はここに入る分だけ持つ。

よく読む本だけを重ねて収納

テーブルの下には、よく読む本を厳選して収納。インテリアの本が多い。上にのせているのはポットをあたためる道具。

コースターも出しっぱなしに

お茶を飲むたびに使うコースターは、サイズが合ううるしの容器に入れ、テーブル上に。ふたを閉めれば気にならない。

本来の用途にこだわらず
自分なりに使いやすくアレンジ

古い帳場ダンスはキッチンの入り口近くに置き、食器棚として使用。
「ガラス戸のものより生活感が出ず、リビングの雰囲気ともマッチ」

上の引き戸の中はグラス類を

グラス類は、同じ種類のものが奥から手前に並ぶようにするととり出しやすい。下はお客様用のカトラリー。

下の引き戸の中は和食器を収納

和食器は同じ種類のものを重ね、1カ所にまとめて収納。奥まで見えるように詰めすぎない。

カトラリー類は仕切って出し入れしやすく

カトラリー類はずっと使いつづけられるシルバーのものを。パウンドケーキ型にクロスを敷き、種類ごとに仕分け。

カップ＆ソーサーは引き出し2段に

戸棚に並べると場所をとるし、とり出しにくいカップ類は引き出しに。深さがぴったりで、見た目もすっきり。

まずは、〝今使うものしか持たない〟こと。常に「これは必要？」と考えて一瞬で判断。迷ったときは、潔く捨てるか、人に譲ります。「〝いつか、だれか使うかも〟がいちばんやっかい。その〝いつか〟までモノを管理するのは、場所にも、自分の気持ちにも負担です」

1年使わないなら、なくても同じ。手放すとき迷っても「見なければ忘れるはず」といいます。「モノを買うときは〝とりあえず〟では買いません。さがして見つけたものは長く大事に使う。わが家の家具は、手入れをしながら10年以上使っているものばかりです」

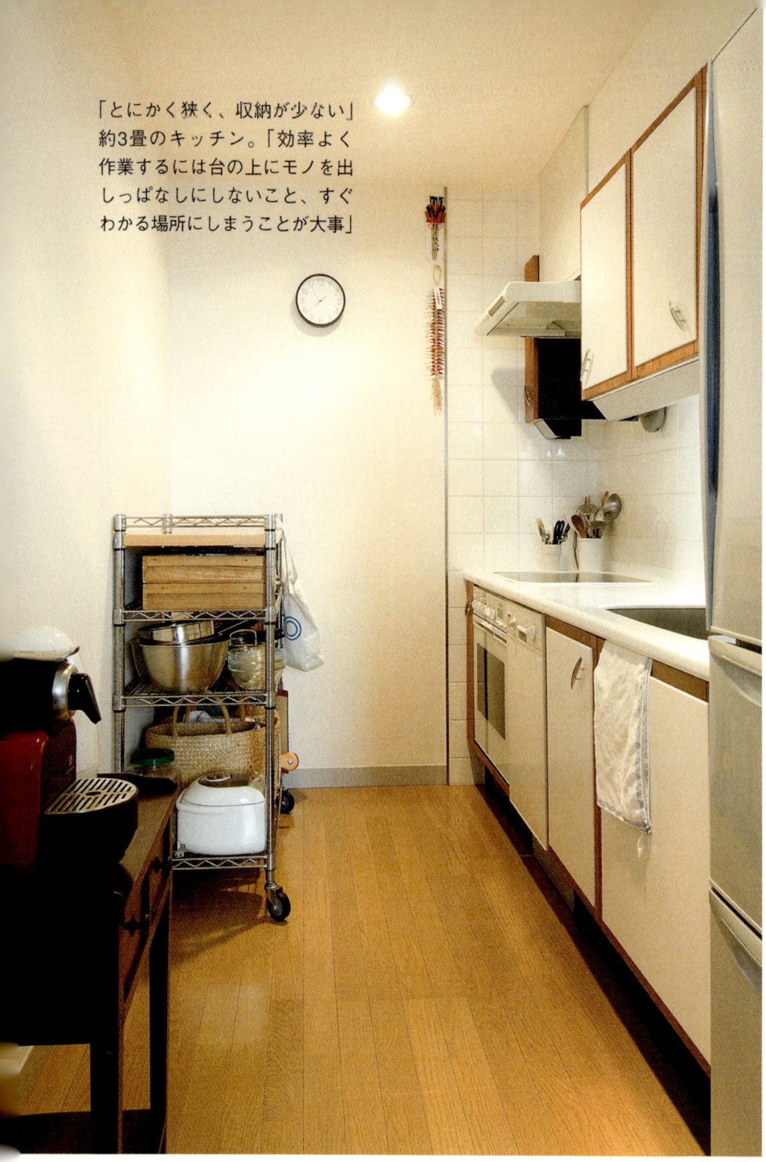

「とにかく狭く、収納が少ない」約3畳のキッチン。「効率よく作業するには台の上にモノを出しっぱなしにしないこと、すぐわかる場所にしまうことが大事」

ひと目でわかる収納なら出し入れもしやすい

左のつり戸棚には、お菓子作りの材料や乾物、お茶などをアイテム別に分け、透明の100均かごにまとめた。右は夫婦2人が毎日のように使う食器やカップだけを収納。

よく使うキッチンツールはレンジ脇に

キッチン台にはモノを置かないのが基本だが、レードルや菜箸、計量スプーンや味見用スプーンは例外。「1アイテムにつき1個と決めています」

Kitchen キッチン

持ち物も出しておくものも厳選。狭くても収納が少なくてもすっきり

次に、〝すべてのものに収納場所をつくる〟こと。「小さいころから、母に、使ったら必ず戻す習慣をたたき込まれてきました」

モノを新しく買ったら、まずはどこにしまうかを決めます。いつ、どこで、だれが使うかを考え、使う場所にできるだけ近いところに置けば、いつでもすっきり。

「狭くて収納が少ないキッチンは悩みでした。スチールラックを置き、よく使うものをまとめたら解決。モノに定位置があるから、むだに動くこともありません」

フライパンとなべは必要最低限に

29㎝と27㎝のフライパン、20㎝のなべ、16㎝の深めと浅めのなべのみ。なべはフィスラー社の軽いステンレス製。「家庭料理ならこれで十分」

よく使う調理道具や消耗品、食品は
コンパクトにまとめてオープン収納

調理器具や消耗品は、圧迫感がなく、移動可能なキャスターつきスチールラックに収納。入れるものによって段の高さを変えたり、天板を木製の板にして作業台として使ったりと活用。

リサイクルに出すものは布バッグに

ペットボトルやトレイを洗って入れ、買い物のときに持ってスーパーへ。

こまごましたものはかごにまとめる

下段のかごには、ご主人が好きな駄菓子類(右)とごみ袋(左)を。中が見えないように布をかけておく。

「もろふた」にラップ類を入れて引き出しに

本来はもちを並べて使う「もろふた」はご主人の故郷・鹿児島のホームセンターで。トレイがわりに使うことも。

古いサイドテーブルには電気ポットとエスプレッソマシンを。「持っているのは本当に必要な家電のみ。電子レンジもなし」

門倉さんの“世代を超えて大切にしているもの”

母やその前の世代から受け継ぎ、手入れをしながら使いつづける

7〜8才のころにもらったレシピ本

ジャムのクッキーやレモンスフレなど、童話に出てくるお菓子が載っているレシピブック。「子どものころ、何度もくり返し読んだ思い出の本」

ずっといっしょに暮らしてきたぬいぐるみ

祖母の手編みのセーターを着た猿のバビーちゃんは、1才のころにもらったもの。「修理が必要だけど、専門のところでもむずかしいそう」

子どものころから使っているプレート

スティグ・リンドベリの“BERSA”シリーズのプレートは、もとは母親の嫁入り道具。昔はパスタ皿として、今は盛り皿として使っている。

母が数十年使いつづけてきたたんす

祖父が経営していた糸問屋で使っていたたんすをテレビ台に。「母がバーの台や電話台などにして使っていたものを、最近譲り受けました」

おもてなしに使っているうるしのお椀

集落で交替に買いそろえ、ご主人の実家で古くから塗り直しながら使われていたうるしのお椀。門倉さんがそれを受け継ぎ、使っている。

義母の帯をリメイクしたクッション

しみもあり、処分する予定だった帯を7枚のクッションカバーに。「インパクトがある生地なので、裏面は濃紺のベロアの布を選びました」

Work space

ワークスペース

手前は仕事場、奥はくつろぎスペースに

門倉さんが仕事をしたり、夫婦でテレビを見たりする部屋。形が気に入っているソファは、一度タイシルクにはり替え、20年以上使っているもの。

テラスにはいすとグリーンを。週末の午後にコーヒータイムを楽しんだり、夜はビールを飲みながらゆっくりくつろぐことも。

「私にとって収納は、今を快適に暮らすためのもの。必要なものしか持っていなければ、片づけも掃除も、気持ちもラクでいられます」

着物の帯をリメイクしたクッションや幼いころから使っている器、譲り受けた味のある家具。決まったテイストもなく、国や年代がバラバラでも、不思議と統一感があります。それはきっと、何度もむだなものを手放して、大切にしたいものだけが残っているから。

「これからも、“今”の暮らし方に合わせて、家族がいつも心地よく過ごせる部屋づくりをしていきたいと思っています」

STAFF

表紙アートディレクション
太田雅貴（太田デザイン事務所）
表紙デザイン
太田デザイン事務所
本文デザイン
家原恵子
草野リカ（４章のみ）
イラスト
みやしたゆみ（１章）
福沢綾乃（３章）
細川夏子（３章、４章）
間取り図
徳永智美
撮影
佐々木幹夫、佐山裕子、千葉 充、
松木 潤、山根千絵
(以上 主婦の友社写真室)
井坂英彰、片山達治、宗田育子
橋本 哲、林 ひろし、村林千賀子、
森安 照、吉田篤史、M.S.PARK
スタイリング
本多敦子（P98～103の一部）
板橋きよ美（P90～91）
編集
和田康子（序章、２章）
鹿島由紀子（１章）
増田綾子（３章、５章）
斉藤幸代（４章）
編集協力
遠藤ミチル
編集デスク
東明高史（主婦の友社）

主婦の友 新きほんBOOKS

片《かた》づく収《しゅう》納《のう》&インテリア

2008年7月10日　第１刷発行

編　者　主婦の友社
発行者　神田高志
発行所　株式会社 主婦の友社
〒101-8911 東京都千代田区神田駿河台2-9
電話（編集）03-5280-7537
（販売）03-5280-7551
印刷所　大日本印刷株式会社

ISBN978-4-07-261367-2

★この本は、『主婦の友』『雑貨カタログ』から抜粋した記事を大幅に加筆し、3軒の新規撮影、2軒の追加撮影を加えて再編集したものです。

●乱丁本、落丁本はおとりかえします。お買い求めの書店か、資材刊行課（☎03-5280-7590）にご連絡ください。
●記事の内容に関するお問い合わせは、出版部（☎03-5280-7537）まで。
●主婦の友社発行の書籍・ムックのご注文、雑誌の定期購読のお申し込みは、お近くの書店か、主婦の友社コールセンター（☎049-259-1236）まで。
●主婦の友社ホームページ
http://www.shufunotomo.co.jp/